O Livro de Enoque:
com estudo comparativo das principais traduções

Fabio R. Araujo e Enoque (atribuído)

ALCHEMIA

© 2018

Todos os direitos reservados. Esta tradução e publicação está protegida pela lei de direitos autorais e permissão por escrito deve ser obtida do editor antes de qualquer reprodução, armazenamento ou transmissão ou publicação não autorizada.

Araujo, Fabio R. e Enoque (atribuído)
O Livro de Enoque: com estudo comparativo das principais traduções

Las Vegas: Alchemia, 2018.

1.   História

Índice

Introdução 5
Parte 1: Livro dos Vigilantes 33
Parte 2: Livro das Parábolas ou Segunda Visão 55
Parte 3: Livro Astronômico 81
Parte 4: Livro dos Sonhos 93
Parte 5: Epístola de Enoque 105

Introdução

> *"E Enoque andou com Deus e depois de ter gerado Matusalém, viveu trezentos anos e gerou filhos e filhas. E todo o tempo da vida de Enoque foi de trezentos e sessenta e cinco anos. E andou com Deus e desapareceu, porque Deus o levou."*
>
> (Gên. V)

Quando há cerca de 40 anos li pela primeira vez o Livro de Enoch, publicado pela Editora Hemus em 1982, que começava com esta citação bíblica, não posso negar que me impressionou. Além de conhecer as histórias de um homem levado por Deus viajando pelos céus, visitando vários lugares e admirando as obras divinas, como um Pequeno Príncipe que viajava pelo universo, Enoque revelava detalhes sobre assuntos "secretos", como anjos caídos que se transformaram em demônios devido a relações sexuais com mulheres; os gigantes, filhos dessas relações, que destruíam a humanidade; o dilúvio; além de visões proféticas, e abordava outros assuntos questionáveis, como 2 julgamentos separados por aproximadamente mil anos, em concordância com os 2 julgamentos do último livro bíblico, que talvez tenham contribuído de alguma forma para o milenarismo; a polêmica Eva negra; o paraíso terrestre e a vida de 1000 anos como recompensa e não mais a vida eterna nos céus etc. Como se não bastassem tantos temas curiosos, me parecia quase contraditório o Livro de Enoque ser considerado autêntico pelos etíopes, estando presente na Bíblia etíope até hoje, e o conteúdo do livro de Enoque ser citado por 2 epístolas incluídas no Novo Testamento da Bíblia ocidental, além de sucintamente no capítulo 6 do Gênesis mas ter ficado de fora, porque o Livro de Enoque parecia fornecer os detalhes que faltavam no Gênesis.

Citações na Bíblia

Se formos tentar encontrar Enoque na Bíblia, surgirão referências no Antigo e no Novo Testamento. De acordo com o Gênesis bíblico, Enoque foi o sétimo patriarca, um dos dez que viveram antes do dilúvio. O capítulo 5 diz que Enoque era filho de Jarede (Gênesis 5:19–21), pai de Matusalém e trisavô de Noé. Segundo o Gênesis, diferente das outras pessoas, Deus levou Enoque, que não passou pela morte. O capítulo 6 do Gênesis conta a história de anjos que desceram do céu e se uniram a mulheres, tendo filhos que eram gigantes e o consequente dilúvio.

O Novo Testamento contém também referências ao nome ou ao conteúdo do livro de Enoque. Uma delas é uma menção dos antepassados de Jesus por Lucas (Lucas 3:37). A segunda menção está em Hebreus 11: 5. Há a menção na Epístola de Judas (1:14-15) e em 2 Pedro (2:4), onde o autor atribui a Enoque uma passagem desconhecida do Antigo Testamento. Como há menções por 2 apóstolos, é altamente aceito que Enoque teve um papel importante entre os discípulos de Cristo e influenciou os escritos do Novo Testamento. Estudos indicam que ele teria influenciado os escritos de Paulo. A pergunta que um cristão poderia se fazer é: tendo os discípulos e Cristo passando tanto tempo junto, será que nunca conversaram sobre o Livro de Enoque? E se os discípulos abordaram o conteúdo do livro de Enoque, não seria possível que

Cristo e os discípulos tivessem conversado sobre esse tema (anjos caídos etc.) e que houvesse um consenso entre eles?

Polêmicas

O livro de Enoque, se estivesse incluído no Antigo Testamento, seria provavelmente o livro mais polêmico de todos do Antigo Testamento e talvez de toda a Bíblia. Para alguns, a principal questão polêmica que o livro aborda seria o envolvimento de anjos que descem do céu para ter relações sexuais com mulheres, que geram filhos gigantes que destroem a humanidade, citado rapidamente no Gênesis. Já à princípio, a questão parece absurda, se considerarmos as estaturas de 3.000 côvados dos gigantes: seriam quilômetros de altura. Milik afirma que devemos considerar 30 côvados, o que reduz a altura dos gigantes para 20 metros. Mesmo assim, parece inconcebível que um feto de um adulto dessas dimensões coubesse no ventre de uma mulher humana, com cerca de um metro e meio de altura. Qual seria o tamanho do feto, quatro metros? Os fetos de muitos mamíferos costumam ter cerca de um quarto ou um quinto das dimensões do indivíduo adulto. Para outros, a maior polêmica poderia ser a questão racial: por exemplo, compreende-se pelo texto que os anjos eram loiros e tinham olhos claros. Os homens citados na genealogia bíblica descendentes Adão parecem ter cabelos pretos e olhos pretos, até o nascimento de Noé, o primeiro homem com olhos claros. E além dessa questão racial, há uma possível Eva negra, inconcebível de se aceitar em um mundo altamente racista no final do século XVIII e início do século XIX[1]: em um sonho de Enoque, há uma analogia com a genealogia de Adão. Adão é visto como um boi branco que gera, com Eva, muitos bois e vacas negros. Se Adão era branco e

---

[1] Talvez por uma dessas duas razões ou por ambas, o manuscrito traduzido não tenha sido publicado imediatamente. Entre a sua primeira tradução, feita no século XVIII, não publicada, e a sua primeira publicação no ocidente no século XIX passaram cerca de 50 anos.

teve filhos negros, podemos supor que Eva era negra, já que eram os primeiros. Há acadêmicos que acreditam que essas cores são figuradas, mas quase tudo é conjectura. De qualquer forma, se formos assumir que a Eva bíblica foi negra, tratar-se-ia do caso bíblico mais antigo de um casal com miscigenação racial. Existem outras questões, polêmicas do ponto de vista de um cristão. O livro fala, por exemplo, em dois julgamentos, separados por 1000 anos, o que contradiz o que se normalmente crê no cristianismo: um julgamento único, para alguns, o final.

A história do pentateuco de Enoque

De acordo com o especialista Jozef Milik, em *The Books of Enoch: Aramaic Fragments of Qumrân Cave 4*, por volta do ano 100 a. C. o corpus enoqueano era composto por cinco livros, formando um pentateuco, dividido em 2 volumes: o Livro Astronômico, que era o primeiro volume, e um segundo volume composto por 4 livros: o Livro dos Vigilantes, o Livro dos Gigantes, o Livro dos Sonhos e a Epístola de Enoque. Durante o início da era cristã, esse pentateuco foi alterado pela eliminação do Livro dos Gigantes e inserção do Livro das Parábolas (capítulos 37 a 71). Segundo Milik o Livro das Parábolas data do século III. Outros especialistas discordam dessa datação de Milik, como James A. Waddell[2], que afirma que o Livro das Parábolas data do século I e seria anterior aos escritos de Paulo, os tendo influenciado. Esses cinco livros que compõem atualmente o chamado Livro de Enoque, ou Enoque etíope, eram conhecidos indiretamente, no mundo ocidental cristão, através de passagens diversas, e traços dele foram encontrados na literatura dos primeiros cristãos e na literatura medieval. O capítulo 108 do livro é uma inserção tardia, de acordo

---

[2] Waddell, James A. *The Messiah: A Comparative Study of the Enochic Sono of Man and the Pauline Kyrios*. Londres: T&T Clark International, 2011. P. 22 – Waddell afirma ainda que a cristologia de Paulo foi fortemente influenciada pela tradição do Filho do Homem contida no Livro de Enoque.

com os acadêmicos, feita no século IV ou posteriormente e a passagem lembra muito o Apocalipse de Elias copta.

O livro de Enoque, cujo conteúdo é citado pela epístola de Judas, era conhecido por algumas passagens que foram conservadas pelos primeiros cristãos (como Tertuliano por volta do ano 200, que cita o capítulo 97) e por dois fragmentos em grego, inseridos em obras de Cedrenus e Georgius Syncellus (monge do século VIII). Praticamente todos os primeiros cristãos importantes, conhecidos como pais da Igreja, conheciam a existência do livro de Enoque e citações provam satisfatoriamente que era praticamente o mesmo que temos agora. Fabricius em seu *Codex Pseudepigraphus* menciona como tendo citado o livro de Enoque o mártir Justino, Clemente de Alexandria, Origine, Irineu, Tertuliano, Eusébio, Jerônimo, Hilário, Epifânio, Agostinho, entre outros. Além disso, ele é mencionado também por outros escritos apócrifos (como o de José Carpinteiro, Nicodemus, Esdras, Revelação de Paulo etc.).

Quando Dillmann fez a sua tradução em meados do século XIX, já se acreditava que a obra tinha sido escrita por volta dos anos 150 antes de Cristo. De acordo com Abade Migne (Abbé Migne), autor de *Dictionnaire des apocryphes*, publicado nos anos 1850:

> "a citação que São Judas é uma prova incontestável que o autor deste livro não pode ter sido posterior aos escritores inspirados do Novo Testamento"[3].

De acordo com acadêmicos, há um consenso que parte do livro de Enoque foi escrito no terceiro século a. C. e parte no primeiro século d. C. (a parte relativa ao Filho do Homem). Apesar das cópias completas mais antigas (até a descoberta dos manuscritos do Mar Morto) de 1 Enoch serem datadas do final do século XIV e início do XV e contidas na Biblioteca Monástica da

---

[3] Conclusões diversas poderiam ser tiradas desta citação de Judas, se considerada autêntica, por exemplo, o que pensavam os outros discípulos sobre o assunto?

Etiópia (EMML 2080), uma cópia inteira foi encontrada Qumram nos anos 1950, com cerca de 2000 anos.

Desde o ano 400, aproximadamente, o livro de Enoque estava desaparecido, pelo menos no Ocidente, até que em 1773, três manuscritos foram recuperados na Etiópia (na época Abissínia) pelo escritor escocês James Bruce e, após algumas décadas de demora e uma suposta tradução que nunca foi publicada, no início do século XIX começaram a aparecer as primeiras traduções de parte da obra principalmente para inglês e alemão.

Os livros de Enoque

São três os livros atribuídos a Enoque. O texto do Livro de Enoque contido neste livro que você está lendo é também conhecido como o Primeiro Livro de Enoque, ou o Livro de Enoque Etíope, ou ainda 1 Enoque, que é o livro de Enoque mais conhecido e divulgado. Apesar de nunca ter feito parte do cânon bíblico ocidental, faz parte da Bíblia etíope. O Segundo Livro de Enoque, também chamado de Enoque Eslavônico ou 2 Enoque é um livro que foi encontrado completo somente em manuscritos eslavônicos. Ele fez parte da Bíblia eslavônica no passado. É normalmente datado do século I, apesar de Matthew Black em *The Oxford Guide to People & Places of the Bible* afirmar que não existir atualmente manuscrito completo que date antes do século XIV. O Terceiro Livro de Enoque, também chamado de Enoque Hebraico, ou ainda 3 Enoque, é um texto rabínico escrito originalmente em hebraico normalmente datado como sendo do século V. Outros acadêmicos acreditam que é um pouco mais antigo e foi escrito no segundo século pelo Rabbi Ishmael, familiarizado com os outros livros de Enoque. O acadêmico Milik acredita ser mais tardio, medieval.

Por que o livro de Enoque não está na bíblia ocidental?

Não é muito fácil explicar por que um livro como o livro de Enoque, que foi amplamente usado e bem considerado entre algumas comunidades hebraicas e pelos primeiros cristãos não faça parte do cânon cristão, exceto pela Igreja da Etiópia. Apesar de estar presente na bíblia da Igreja da Etiópia, o livro está fora da bíblia do ocidente, mesmo tendo elementos em comum com o Gênesis. O Gênesis menciona gigantes, anjos que escolheram mulheres, fala do dilúvio e da destruição da terra e diz que Deus levou Enoque após 365 anos de vida. A epístola de Judas e a 2a de Pedro mencionam certo conteúdo do livro de Enoque e o livro de Enoque era considerado autêntico por grande parte dos primeiros seguidores de Cristo. De acordo com Tertuliano, o livro de Enoque não foi aceito por alguns cristãos porque não foi incluído no cânon pelos judeus e os católicos basicamente copiaram o cânon judaico para criar o chamado Antigo Testamento. Uma razão importante pela qual os judeus rejeitaram o Livro de Enoque foi a sua associação e forte influência nos grupos sectários hebraicos. Isso pode ter levado à exclusão do Livro de Enoque do que era o grupo principal de livros sacros hebraicos após a destruição do Templo de Jerusalém. Nickelsburg[4] diz o seguinte:

> "A exclusão dos textos de Enoque do cânon dos judeus foi provavelmente devido a fatores complexos na sociologia e no pensamento religioso e prática do judaísmo tardio do Segundo Templo. Entre esses, houve a dissociação dos rabinos dos círculos apocalípticos que criaram esses trabalhos, com a exceção de Daniel.

Uma outra razão que os judeus não terem aceitado Enoque foi já citada por Nickelsburg acima: passou a haver uma tendência

---

[4] Nickelsburg, George W. E. and VanderKam, James C. 2004, *1 Enoch: A New Translation Based on the Hermeneia Commentary*, Minneapolis: Fortress Press.

dos rabinos judeus de negar o apocalipticismo contido em Enoque, assim como negaram outros livros antigos pela mesma razão. Uma terceira razão parece ter sido a sua posição teológica relativamente marginal em relação à Torá. O acadêmico Paolo Sacchi, organizador da obra de livros apócrifos que contém a tradução do Livro de Enoque de Fusella, propõe que o Livro de Enoque e a seita de Qumran foram rejeitados por causa de ensinamentos teológicos. De acordo com ele, Qumran foi condenada por seu predeterminismo. O Livro de Enoque foi condenado por não considerar importante a Torá de Moisés. Bauckham[5] afirma que a história dos anjos caídos era popular no judaísmo como interpretação padrão para Gênesis 6 até o século II, quando foi superada pela visão que os "filhos de Deus" ali citados eram homens, não anjos e que, portanto, trata-se de uma história mitológica. Assim, a rejeição de Enoque entre judeus se dá em dois momentos principais, o primeiro por volta do ano 70 e o segundo por volta do ano 200.

Dessa forma, por volta do ano 200, a compilação do Mishnah feita pelo Rabino Judah deixou Enoque fora do cânon hebraico.

Outra explicação para Enoque ter ficado de fora do cânon hebraico é dada por P. Grelot em *La Légende d'Hénoch dans les apocryphes et dans la Bible: son origine et signification*. De acordo com ele, a tradição judia desejou bloquear em Enoque o papel de Enmeduranki (sétimo rei antediluviano de uma lenda mesopotâmica) como iniciador da civilização e o de Xisouthros, como transmissor da sabedoria antediluviana através de seus livros, os únicos que teriam sobrevivido à catástrofe diluviana.

Alguns acadêmicos afirmam que antes da edição da Vulgata cristã, parte da cristandade começou a defender a rejeição de

---

[5] Bauckham, Richard 1997a, "Apocryphal and Pseudepigraphal Writings", em Ralph P. Martin and Peter H. Davids (eds.), *Dictionary of the Later New Testament and its Development*, Downers Grove, Illinois: IVP, 68-73

Enoque devido à atribuição de desejos carnais a seres angelicais e ao uso de termos explícitos. Mas o Livro de Enoque continuou com boa influência entre os cristãos até o século IV, quando na edição latina da bíblia Vulgata em 383, a comissão de Damasius se baseou na decisão hebraica, seguindo o princípio de Jerônimo de *Veritas Hebraica*, ou seja, o Antigo Testamento basicamente refletiria o cânon hebraico, apesar da diferença no número total de livros: o Antigo Testamento da maioria dos protestantes e o cânon dos judeus contêm 24 livros, enquanto que o Antigo Testamento dos católicos tem 39, porque os judeus consideram alguns livros um único livro, assim como agrupam os 12 livros de profetas em um livro.

Ao deixar o livro de Enoque de fora do cânon católico no século IV, o texto caiu em descrédito e foi praticamente esquecido por séculos, tendo sido perdido ou possivelmente destruído. O Livro de Enoque, desta forma, percorre a Idade Média e a Idade Moderna praticamente desconhecido no Ocidente, tendo trechos mencionados em alguns poucos textos medievais, mas paralelamente era conservado na Bíblia etíope, desde aproximadamente o século V ou VI, quando foi traduzido para etíope na primeira tradução feita da bíblia para etíope[6]. Contudo, os manuscritos em etíope mais antigos conservados datam do século XIII. O Livro de Enoque foi finalmente redescoberto no século XVIII, o que levou a um renascimento do interesse por ele após a sua publicação no início do século XIX.

Manuscritos do Livro de Enoque

Uma tradução do livro de Enoque precisa levar em conta o etíope (geez), porque é a única língua em que o Livro de Enoque

---

[6] Ge'ez, que chamo neste livro de língua etíope, chegou na Etiópia por volta do século I levada por imigrantes do sul da Arábia e deixou de ser falada por volta do século X. Continua a ser usada na literatura. É também usada nos rituais da Igreja Etíope.

está completo. Há passagens fragmentadas do Livro de Enoque em etíope (geez), grego, aramaico, hebraico e algumas passagens menores em latim, copta e siríaco, mas a única versão completa conhecida pelos acadêmicos é em etíope. Em grego, existem quase inteiras a primeira e a última seção das cinco do Livro de Enoque. Um outro trecho importante em grego do século V ou VI foi descoberto na segunda metade do século XX em uma tumba cristã do século VIII, encontrada em Akhmin, no Egito.

Atualmente, existe um consenso quase total em considerar que a língua original do texto era semítica, porém não se sabe se hebraica ou aramaica.

São conhecidos cerca de 40 manuscritos em etíope, que se dividem em duas famílias: I e II ou alfa e beta, devido às suas semelhanças, que são na maioria cópias medievais da Bíblia etíope.

Enoque na Antiguidade

Josef Milik é considerado um dos maiores especialistas em Enoque de todos os tempos. Ele foi o encarregado de traduzir os manuscritos do Mar Morto que continham passagens do livro de Enoque, deu palestras sobre isso na Universidade de Harvard e em outras universidades importantes pelo mundo. Em sua obra publicada em 1976, Milik afirma que na Antiguidade, havia pelo menos um livro essencialmente astronômico atribuído a Enoque e Enoque era visto como o pai da astronomia e astrologia. Segundo ele, uma alusão indireta a isso é encontrada dentro do próprio Gênesis, que afirma que a idade de vida do patriarca foi de 365 anos, por sua relação aos 365 dias do ano. Além disso, havia obras de astronomia circulando atribuídas a Enoque. Milik cita o historiador Eupolemos, cuja *História dos Judeus* foi concluída no ano 158 a. C. Eupolemos afirma que Abraão foi o inventor da astrologia, que ensinou aos fenícios a evolução do sol, da lua e outras coisas. No Egito, Abraão teria iniciado os sacerdotes egípcios em astrologia e outras ciências, revelando que essas ciências eram da época de Enoque, o primeiro a inventar a astrologia. Os gregos reivindicavam a invenção da astrologia a Atlas, mas Atlas e Enoque seriam a mesma pessoa, ainda de acordo com a obra de Eupolemos.

O Livro dos gigantes e o Livro de Jasher

Há outros livros antigos mencionando Enoque, e entre os mais conhecidos estão o Livro dos Gigantes, que fazia parte do Livro de Enoque há cerca de 2000 anos, do qual restaram apenas fragmentos, e o Livro de Jasher, que foi preservado integralmente.

O Livro dos Gigantes era considerado perdido e fragmentos esparsos em várias línguas foram reunidos, traduzidos e publicados pela primeira vez nos anos 1940, na língua inglesa. O texto narra o nascimento de gigantes antes do dilúvio, e tem algumas semelhanças com o clássico mesopotâmico Épico de Gilgamesh, de acordo com Matthew Goff, do Departamento de Religião da Universidade da Flórida. Os fragmentos da versão maniqueana do Livro dos Gigantes mencionam Enoque em algumas ocasiões, como no fragmento L:

> "Enoque, o apóstolo... [deu] uma mensagem [para os demônios e seus] filhos: para vocês, não haverá paz. [O seu julgamento é que] vocês serão atados por seus pecados. Vocês verão a destruição de seus filhos, que viverão por cento e vinte [anos]. "

O manuscrito copta e o manuscrito T. Partian do Livro dos gigantes também mencionam Enoque. Fragmentos encontrados entre os manuscritos do Mar Morto também mencionam Enoque. Por exemplo, um fragmento encontrado entre os manuscritos do Mar Morto conta sonhos que os gigantes tiveram, como o sonho das 200 árvores, e pedem a Enoque a interpretação deles.

O Livro de Jasher é um livro particular e conta, no terceiro capítulo, que Enoque foi um rei, provável influência de uma lenda mesopotâmica do sétimo rei antediluviano que ensina várias artes à humanidade.

Gênesis apócrifo

O Genesis apócrifo tem uma relação próxima com o Livro de Enoque. Por exemplo, os dois textos mencionam a desconfiança de Lameque sobre Noé ser realmente seu filho assim como a confirmação de Enoque que Noé é filho de Lameque. Outros trechos comuns são O Livro dos Vigilantes (cap 6 a 11), a Epístola de Enoque (cap 92 a 105) e várias outras passagens. O Gênesis apócrifo pode ter servido como fonte ou ter usado o Livro de Enoque como fonte para o seu texto. Uma conexão vaga entre o Livro de Enoque e o Gênesis apócrifo foi proposta pela primeira vez em 1949 por John Trever com base em estudos em manuscritos, suspeitando que o Gênesis apócrifo fosse mais antigo que o Livro de Enoque. Posteriormente, nos anos 1950, Del Medico tentou provar o contrário e atualmente os acadêmicos acreditam que o Livro de Enoque serviu de inspiração para o Gênesis apócrifo.

Enoque na literatura hebraica

Há livros descritos como da literatura hebraica que foram influenciados pelo Livro de Enoque, mas alguns acreditam que foram originados entre cristãos, por exemplo, o 2º e o 3º Livro de Enoque são os principais.

Na literatura rabínica, de acordo com Targ. Pseudo-Jonathan (Gen. v. 24) Enoque era um adorador de Deus piedoso e foi levado da terra para os céus, sendo associado ao anjo Meṭaṭron e tendo recebido o nome de "Safra Rabba" (Grande Escriba). Esta visão representa a ideia rabínica que prevaleceu de Enoque. Outra, um pouco negativa, aparece na polêmica levantada por Abbahu e outros (Friedländer)[7]. Enoque foi levado por Deus por ter sido inconsistente em sua piedade. O caráter milagroso de sua ascensão é negado e a sua morte é atribuída à praga (Gen. R. v. 24; Gen. v. 24; Rashi e Ibn Ezra; comp. Wisdom iv. 10-14; *Ueber den Einfluss der Palästinischen Exegese*; Ecclus. [Sirach] xliv. 16; Zohar a Gen. v. 24; *De Abrahamo*). Mas de uma forma geral, aceita-se que Enoque passou ao Gan Eden sem sentir a morte (Yalk., Gen. v. 24).

Na lenda, a Enoque é atribuída a invenção da escrita (Livro dos Jubileus; Targ. Pseudo-Jonathan, Gen. v. 24). Ele também ensina astronomia e aritmética (*Sefer Yuḥasin*; *Præparatio Evangelica*; *Bar Hebræus Chronicle*).

Negligenciado pelos judeus por algum tempo, Enoque reaparece como herói e autor de alguns midrashim pseudoepígrafos, em parte elaborações de materiais contidos no *Sefer ha-Yashar*. Entre esses midrashim, os mais bem conhecidos são: *Hekalot Rabbati, Sefer Ḥanok, Sefer Hekalot* e *Ḥayye Ḥanok*. Em *Hekalot Rabbati*, Enoque aparece como Meṭaṭron, revelando segredos celestiais para os sábios. Em *Sefer Ḥanok*, a terra foi abandonada por Deus devido aos pecados da geração do dilúvio. Enoque é levado aos céus e é nomeado guardião de todos os tesouros celestiais, chefe dos arcanjos e atendente imediato de Deus. Ele passa a conhecer todos os segredos e mistérios e executa os decretos de Deus e é ele que comunica as revelações de Deus a Moisés.

No *Sefer Hekalot*, Enoque é elevado à dignidade de Meṭaṭron. Em consequência dos pecados da terra causados pelos espíritos maus Shamḥazai e Azael, Enoque é levado aos céus para ser testemunha que Deus não era cruel. Ali, ele é apontado chefe dos anjos e o seu corpo carnal é transformado em um de luz.

---

[7] *Patristische und Talmudische Studien*, "R. E. J." v. 3.

O *Ḥayye Ḥanok* é uma composição tardia. Nele, Enoque aparece como um asceta piedoso, que prega o arrependimento. Posteriormente, ele é proclamado rei. A paz reina na terra durante os 243 anos de seu poder, mas ele abandona o trono, e vai em busca de sua solidão, aparecendo aos homens de tempos em tempos para instruí-los. Finalmente, ele ascende aos céus em um cavalo, de forma semelhante a Elias, diante dos olhos de todos.

Enoque em textos apocalípticos da Idade Média e Antiga[8]

O nome de Enoque foi citado em numerosos trabalhos em várias nações na Idade Média e várias obras foram atribuídas a ele. Por exemplo, o livro Apocalipse de Enoque foi composto no século VIII por um bispo e falsamente atribuído a Enoque. Um apocalipse medieval atribuído a Enoque, chamado A Visão de Enoque o Justo, escrito originalmente em grego, foi preservado apenas em armênio. Um outro livro de Enoque escrito em latim medieval é um tratado hermético de botânica astrológica, que é atribuído a Hermes, mas parece ter sido escrito por um astrólogo árabe no século VIII. Para muitos muçulmanos, Hermes era um profeta antediluviano, que foi associado ao próprio Enoque.

Videntes cristãos medievais, em experiências místicas ao visitar o paraíso em seus sonhos ou visões, inevitavelmente se encontravam com Enoque no paraíso, entre outros, como ocorre no Apocalipse de Paulo, escrito no século IV. Uma religiosa da Abssínia, cuja biografia foi redigida algumas décadas após a sua

---

[8] O autor desta introdução, especificamente desta seção sobre textos apocalípticos, é autor de *Prophezeiungen über das Ende der Welt*, publicado pela editora Kopp em 2009 na Alemanha e traduzido para espanhol e publicado na Espanha pela EDAF. A obra, esgotada na Alemanha, foi considerada por especialistas, como Hans-Joachim Sander (Pushed to a Precarious Flexibility: Where to go if tradition has no answer and Apocalypse is no alternative. In *Edward Schillebeeckx and Contemporary Theology*. Organizado por Depoortere, Boeve e Van Erp. Londres: T&T Clark. 2010) e o escritor alemão Leo DeGard uma ampla compilação de crenças apocalípticas, através de um estudo de profecias, mitos e lendas de diversos povos e culturas.

morte por Filipe, um monge do convento de Dabra Libanos, no século XV, entrava em êxtase, viajando à terra de santos nos céus:

> "e a nossa mãe Krestos Samra algumas vezes ia à Terra dos Beatos e ficava ali com eles conversando por sete dias. Depois de sete dias, ela voltava rapidamente para a sua casa. Outras vezes, ela ia à Terra dos que nunca morreram, onde estão Enoque e Elias e conversava com eles, voltando depois rapidamente para sua casa".

Enoque era também visitado por anjos. De acordo com o Apocalipse de Zefania, um anjo se encontra com Enoque e outros personagens bíblicos no paraíso.

O retorno de Enoque e Elias no fim dos tempos é citado no Apocalipse árabe de Daniel e no Apocalipse copta de Daniel. A mesma ideia do retorno de Enoque e Elias aparece no manuscrito medieval contido na biblioteca do Vaticano Reg. 2077.

> "dicitur venire Enoch et Helia praedicaturi adventum domini et diem iudicii"[9]

No Evangelho de Nicodemus, em um trecho da descida de Cristo ao inferno para liberar Adão e outros, escrito por volta do século V, Enoque é encontrado no paraíso. Ele se apresenta nos seguintes termos:

> "eu sou Enoque, que foi transportado para cá pela palavra do Senhor e este comigo é Elias, o Tesbita, que veio transportado em uma carruagem de fogo e, até hoje, não vimos a morte, mas deveremos voltar nos dias do Anticristo para lutar contra ele

---

[9] Virão Enoque e Elias a pregar sobre a vinda do senhor e os dias do juízo.

com sinais e maravilhas de Deus e seremos mortos em Jerusalém por ele e depois de três dias e meio seremos levados de volta às nuvens".

O acadêmico Milik afirmou que o retorno de Enoque e Elias no fim dos tempos, a sua luta deles com o Anticristo e a morte deles seguida da ascensão após três dias e meio era um tema extremamente popular nas igrejas cristãs desde o século II e assim continuou até o início da idade Moderna. Esse tema está presente, por exemplo, em dois trabalhos enciclopédicos medievais, *Compendium theologicae veritatis* (escrito por volta de 1265) e *Tractatus de victoria Christi contra Antichristum* (escrito em 1319). Porém, a crença no retorno de Enoque não acabou no início da idade Moderna, já que muitos círculos de teólogos católicos continuam acreditando no retorno de Enoque e Elias. O Padre e Professor Universitário de Filosofia Vicent P. Miceli[10] afirma que teólogos enumeram alguns eventos que são mais geralmente aceitos como sinais do "Dia do Senhor" e um deles seria o retorno de Enoque e Elias. Se os teólogos católicos acreditam no retorno de Enoque e Elias, os judeus acreditam no retorno de Elias apenas. Sobre esse retorno, os judeus dizem em sua Birkat Hamazon (bendição depois da refeição):

> "Que o Misericordioso nos envie o profeta Elias e esperamos que traga boas novidades, salvação e consolação".[11]

O *Hitlchot Melachim* (12, 2) dos judeus, escrito por Rambam, diz a seguinte regra clara para informar sobre quando Elias voltará:

> "A interpretação literal das palavras dos profetas

---

[10] Miceli, Vicent. *The Antichrist*. West Hanover. Christopher, 1981.
[11] Brod, Menachem. *I giorni del Messia*. Milão. Mamash Edizioni Ebraiche, 1997 (tradução de *Yemot Hamashiach*).

parece implicar que a guerra entre Gog e Magog ocorrerá no início da era messiânica. Antes da guerra entre Gog e Magog, surgirá um profeta que acordará Israel e preparará os corações deles para servir Hashem, como está escrito: *eu enviarei Elias...* Alguns sábios dizem que a vinda de Elias precederá a vinda do Messias. Em referência a todas essas coisas e outras ainda, ninguém sabe como se manifestarão até que se manifestem, porque a definição exata dessas coisas não resulta das palavras dos profetas; mesmo os sábios não possuem nenhuma tradição sobre isso, exceto as implicações daqueles versículos. Portanto, mesmo entre os sábios, há divergências sobre este assunto".

Outra fonte hebraica citando a vinda de Elias é o Talmud Eruvin (43b), que diz que Elias anunciará o último estado do processo messiânico.

Entre os textos da Antiguidade, temos por exemplo o oráculo da sibila Tiburtina (oráculo de Baalbek), escrito em grego, que afirma que:

"virão dois homens que não conheceram a morte, Enoque e Elias, que farão guerra contra o líder da perdição e serão mortos por ele. Então o crucificado na cruz de madeira virá dos céus, como uma grande estrela brilhante, e ressuscitará os dois homens. E o crucificado fará guerra contra o filho da perdição e o vencerá, a ele e aos seus seguidores."

Hipólito, no século III, um dos primeiros cristãos, escreveu:

> "Na verdade, quando terminarem as 62 semanas, quando aparecer o Cristo e o evangelho for anunciado em todas as partes, quando os tempos forem consumados, haverá uma semana, no curso da qual aparecerão Elias e Enoque. Na metade dessa semana aparecerá a abominação da desolação, isto é, o Anticristo."

Agostinho, conhecido santo católico que viveu no século IV, em sua Cidade de Deus, livro XX, anuncia o retorno de Elias:

> *"Eis que mandarei a vocês Elias o Tesbita, antes do advento do grande e luminoso dia do Senhor, ele mudará o coração do pai em relação ao filho e o coração do homem para o seu próximo, para que a minha vinda não deva balançar até o fundo da terra*[12]. *A passagem dos judeus para a fé do Cristo verdadeiro, ou seja, o nosso Cristo, durante a época final antes do juízo, graças à explicação da lei que dará a eles o grande e extraordinário profeta Elias é um objeto frequentíssimo das conversas e dos pensamentos dos fiéis".*

A menção de Enoque e Elias como adversários do Anticristo e precursores de Cristo, além de ter sido feita por Hipólito no século III, está presente no Apocalipse de Pedro (escrito em cerca de 135), no Evangelho de Nicodemus (escrito entre 300 a 500), em Tertuliano (*De Anima*, escrito entre 160 a 220), Clemente de Roma (Ep. Cor. 9, 3), Irineu (*Adversus Haerensis* IV, 5, 1. escrito no séc. II), Gregório (escrito entre 540 e 604, *Moralia*), Tomás de Aquino (*Summa Theologica*, parte 3), no Livro das Promessas e Previsões de

---
[12] Malaquias c. 4, v. 5

Deus (séc. V)[13], no Apocalipse de Paulo (c. 20), na a carta do Monge Adso (séc. X) para a Rainha Gerberga e, conforme afirma W. Bousset[14], o retorno de Elias já estava presente no judaísmo pré-cristão. Elias, nos textos canônicos, era já apresentado como precursor do Messias, ideia que está documentada também na literatura rabínica, como afirma J. Bonsirven[15].

Comentários associados ao capítulo 11 (v. 3-13) do Apocalipse de João, o último livro da bíblia, fazem parte de uma ampla literatura mencionando Enoque e Elias, que diz que serão mortos e ascenderão aos céus, já que as duas testemunhas bíblicas são geralmente interpretadas como Enoque e a Elias. Muito provavelmente, foi inspirada na seguinte passagem bíblica que surgiram esses e outros textos apocalípticos medievais sobre o retorno de Enoque:

> "e darei às minhas duas testemunhas o poder de profetizar, revestidos de saco, durante mil, duzentos e sessenta dias. Estes são as duas oliveiras e os dois candeeiros, postos diante do Senhor da terra. E se alguém lhes quiser fazer mal, sairá fogo das suas bocas, que devorará os seus inimigos; e se alguém os quiser ofender, é assim que deve morrer. Eles têm o poder de fechar o céu para que não chova durante o tempo que durar a sua profecia e têm poder sobre as águas para as converter em sangue e de ferir a terra com todo gênero de pragas, todas as vezes que quiserem. E depois que tiverem acabado de dar o seu testemunho, a fera que sobe do abismo fará guerra

---

[13] McGuinn, B. *Visions of the End*. NY, Columbia University Press, 1998

[14] *Der Antichrist in der Überlieferung des Judentums, des Neuen Testaments und der Alten Kirche*, Göttingen, 1895.

[15] *Textes rabiniques des deux premiers siecles chretien pour servir à l'intelligence du Nouveau Testament*, Roma, 1955.

contra eles e vencê-los-á e matá-los-á. E os corpos ficarão estendidos nas praças da grande cidade, que se chama espiritualmente Sodoma e Egito, onde também o Senhor deles foi crucificado. E os homens das diversas tribos, povos, línguas e nações verão os seus corpos por três dias e meio e não permitirão que os seus corpos sejam sepultados. E os habitantes da terra se alegrarão por causa deles, e farão festas e mandarão presentes uns aos outros, porque estes dois profetas tinham atormentado os que habitavam sobre a terra. Mas depois de três dias e meio, o espírito de vida entrou neles da parte de Deus. E eles se levantaram e apoderou-se um grande temor dos que os viram. E ouviram uma grande voz do céu que lhes dizia: Subi para cá. E subiram aos céus em uma nuvem e viram-nos os seus inimigos. E naquela mesma hora, deu-se um grande terremoto e caiu a décima parte da cidade. E no terremoto foram mortos sete mil homens e os restantes foram atemorizados e deram glória ao Deus do céu".

Devido a essas duas passagens bíblicas, a citada por Agostinho (Malaquias) e a do Apocalipse ou Revelação de João, os exegetas medievais acreditavam definitivamente no retorno de Enoque e Elias, na conversão dos judeus, seguida da morte dos dois profetas em uma batalha contra o Anticristo e na sua ressurreição e ascensão. Richard K. Emmerson afirma que de todas as lendas associadas à tradição do Anticristo durante a Idade Média, a crença no aparecimento de Enoque e Elias era a mais popular e divulgada em debates teológicos, literatura, arte[16] etc.[17]

Cabala

O terceiro livro de Enoque é associado à Cabala. Ao se referir a ele, Milik diz que no início do século XVI, um copista judeu alemão deu o título "Livro de Enoque" a uma compilação heterogênea. A principal parte deste trabalho parece ter sido escrita, segundo outros especialistas, no início da era cristã, mais especificamente por volta da segunda metade do século III de acordo com o acadêmico Odeberg e no século VI por outros acadêmicos judeus, mas Milik não concorda e afirma que o terceiro livro de Enoque foi escrito cerca de 1000 anos depois, ou seja, ele teria sido composto no final da Idade Média. Sabe-se que o autor do terceiro livro de Enoque se inspirou no segundo livro de Enoque e de certa forma no primeiro e Milik afirma que o segundo livro de Enoque foi escrito no nono ou no décimo século, apesar de outros acadêmicos acreditarem que foi escrito no primeiro. Então, há uma enorme discrepância na datação do texto por parte dos acadêmicos, que não pode ser desprezada. Com base nisso, as pesquisas recentes sobre a origem da cabala na Europa Ocidental, particularmente o trabalho de G. G. Scholem, posicionam as teorias cabalísticas místicas e teológicas associando Enoque ao anjo Metatron, o tenente de Deus, entre os séculos XII e XV. O terceiro livro de Enoque também faz a associação de Enoque a Metatron, em alguns casos mais do que um anjo, um ser quase divino, um intermediário entre Deus e a criação, identificado com Enoque, que é levado aos céus. O terceiro livro de Enoque e outros trabalhos cabalísticos que associam Enoque a Metatron eram muito lidos por judeus europeus no Renascimento e no início da idade Moderna.

---

[16] Paredes de igrejas e manuscritos medievais com cenas apocalípticas, peças teatrais medievais etc.
[17] Emmerson, Richard Kenneth. *Antichrist in Middle Ages*. Seattle. University of Washington Press, 1981

Milik tenta provar que a associação de Metatron a Enoque é tardia e que havia uma associação anterior de Metatron a Hermes em fórmulas mágicas. O papel de Metatron nas crenças populares dos judeus na Babilônia era muito elevado. Metatron é um arcanjo, o "grande príncipe", nessas crenças. Metatron é, também, o escriba celeste. De acordo com o Sanhedrin, folha 38b, Metatron é identificado com o anjo de Deus mencionado em Êxodo 23. E ele assume o nome de Deus em Êxodo 24.

Curiosamente, o abade Van Drivel estabeleceu paralelos entre Enoque e Fou-hi, dos chineses, além de paralelos com Hermes Trismegistus, como o próprio epíteto "trismegistus", ou seja, três vezes grande, que Fou-hi e Hermes possuem. Além disso, Fou-hi teria vivido antes do dilúvio e, como Enoque, foi o primeiro dos escritores e profeta, tendo escrito os destinos do universo. Fou-hi também foi rei e sacerdote. Algumas lendas contam que Enoque foi rei e outras sacerdote. E, assim como Enoque é o sétimo homem após Adão na genealogia bíblica, Fou-hi foi o sétimo imperador chinês[18].

Enfim, o livro de Enoque é citado em outros textos cabalísticos importantes. Na compilação cabalística conhecida como Zohar, existem referências ao Livro de Enoque e o tratado cabalístico Sefer ha-Yasar também contém um minilivro de Enoque.

Enoque em textos de magia pós-medieval

Textos mágicos já eram associados ao livro de Enoque desde a Antiguidade. Provavelmente, essa associação de Enoque a magia pode ser devido a crenças hebraico-babilônicas de que Enoque teria sido um mago, como menciona Milik. Com o desaparecimento do

---

[18] Van Drival, Eugene. *Études sur le grand monument funéraire égyptien du Musée de Boulogne*. Bolonha: Berger, 1850. P. 71.

livro de Enoque por volta do ano 400, isso reduziu o surgimento de livros mágicos ao longo da Idade Média. Uma dessas obras medievais se encontra no manuscrito 15299 ff. 45 do Museu Britânico. Trata-se de um Livro de Enoque que lida com preparações que fazem comunhão com os grandes anjos príncipes, particularmente com Yehoel (um dos nomes de Metatron, anjo associado a Enoque). Contudo, pouco depois da Idade Média, a escrita de manuscritos associando Enoque à magia reconquistou impulso na Europa. Talvez o mais conhecido deles tenha sido um sistema cerimonial mágico baseado na invocação de espíritos criado com base nos escritos feitos no século XVI por Dr. John Dee e Edward Kelley. Dee e Kelley acreditavam que tiveram acesso aos segredos contidos no livro de Enoque e assim criaram um sistema mágico. O sistema mágico enoqueano praticado atualmente é inspirado nesses escritos e de outros bruxos que viveram posteriormente. Outro livro mágico associado a Enoque publicado depois da Idade Média é o *Liber Logaeth*. Esse livro – também chamado Livro da Fala de Deus e Livro de Enoque ou *Liber Mysteriorum, Sextus et Sanctus* - foi escrito em 1583. Ele está preservado no Museu Britânico como o manuscrito Sloane nº 3189.

Principais traduções feitas no Brasil e em outros países

A primeira tradução completa do livro de Enoque foi feita por Richard Laurence e publicada pela Oxford University Press em 1821, baseada no manuscrito Bodleian MS 4, um dos três manuscritos encontrados pelo viajante inglês J. Bruce, na então Abssínia, e levados para a Europa em 1773. A tradução de Dillmann para alemão foi a primeira tradução dos manuscritos considerada bem feita e passou a ser a versão aceita pela comunidade científica da época, desde os anos 1850 até aproximadamente a tradução para alemão de Flemming no início do século XX. A tradução do Professor Schoode da Universidade de Columbus, a partir do mesmo manuscrito etíope usado por

Dillmann, em 1882 foi outra tradução importante, mas a tradução de Flemming para alemão feita em 1902, com base em 14 manuscritos, foi considerada excelente e superou as anteriores se tornando o padrão por alguns anos. Robert Henry Charles havia feito a primeira tradução em 1893, também excelente, mas cerca de vinte anos depois, em 1912, Charles publicou uma segunda tradução para a língua inglesa, baseada dessa vez em 23 manuscritos em grego e etíope. Devido a esse estudo comparativo de vários manuscritos, os acadêmicos especializados em Enoque se renderam à tradução de Charles que passou a ser a tradução mais "científica" do mundo do livro de Enoque, se tornando a mais bem vista e aceita desde então e o padrão, apesar de algumas críticas e talvez até pequeníssimos erros. A segunda tradução de Charles permaneceu por décadas sendo a mais importante, o padrão no mundo da língua inglesa e até mesmo em outros países, pois era preferido traduzir do texto em inglês de Charles do que fazer uma trabalhosa nova tradução a partir de dezenas de manuscritos etíopes e gregos.

A descoberta de fragmentos do livro de Enoque, escritos em aramaico, encontrados nos manuscritos do Mar Morto em meados do século XX trouxeram nova luz à obra. Eles foram traduzidos para inglês e publicados pelo acadêmico Jozef Milik em 1976[19], na forma de edição oficial de todos os fragmentos encontrados do livro de Enoque. Após essa obra, surgiram novas traduções com base nela e em outros manuscritos descobertos ao longo do século XX. Entre as principais traduções para inglês do livro de Enoque influenciadas pela publicação de Milik, estão a de M. Knibb, 1978, uma reprodução fotográfica de um único manuscrito e a sua tradução, e M. Black, 1985, que se trata de uma revisão da tradução de Charles levando em conta os fragmentos aramaicos publicados por Milik e o papiro Chester Beatty que tem os capítulos 97 a 107

---

[19] Milik, Black: *The Books of Enoch: Aramaic Fragments of Qumrân Cave 4*. Oxford, Oxford University Press, 1976

que foi publicado em 1937, porém a obra está esgotada, é praticamente impossível encontrá-la fora de bibliotecas e, menos conhecida, a do acadêmico etíope E. Isaac (1983-1989); em italiano há a de L. Fusella na melhor edição de apócrifos já publicada em italiano, organizada por P. Sacchi, 1981; em francês a do orientalista A. Caquot, 1984; em espanhol a de F. Corriente e A. Piñero, 1984, etc. Algumas dessas traduções se basearam muito em grego sempre que possível, como a de Black, por acreditarem que a versão etíope foi traduzida do grego, e outras em etíope, como a de Fusella. As principais diferenças entre as versões etíope e as encontradas em Qumram estão na parte astronômica, mais desenvolvida na versão etíope, e o Livro das parábolas, que dá mais ênfase ao Filho do Homem. Devemos levar em conta que se acredita que o livro de Enoque foi escrito originalmente em aramaico, tendo sido posteriormente traduzido para grego e do grego para o etíope por teólogos do Império Etíope por volta do século V ou VI. Daí a importância dos manuscritos do Mar Morto, mais antigos, traduzidos e publicados na década de 1970.

No Brasil, a primeira tradução do livro de Enoque parece ter sido publicada na década de 1980, pela editora Hemus, traduzida do francês, especificamente de *Dictionnaire des apocryphes*, publicado nos anos 1850. O problema é que o texto base escolhido como fonte para tradução, do Abade Migne, que era uma tradução para francês da terceira edição da tradução para inglês feita por Laurence, com 105 capítulos, estava ultrapassada há mais de cem anos quando essa tradução foi publicada no Brasil. Então, apesar da tradução da Hemus ser boa, a escolha do texto original não foi, apesar de a publicação de Hemus ter preenchido uma importante lacuna que havia no Brasil. A 6ª edição da publicação da Hemus chamada *O Livro de Enoch: O livro das origens da cabala* foi impressa em 2007 mas atualmente encontra-se esgotada. Em 1996, a editora Mercuryo publicou uma outra tradução do livro de Enoque no volume 3 da coleção *Apócrifos, os proscritos da Bíblia,* uma coleção de

4 volumes. Essa tradução é melhor e possui os 108 capítulos que são usados atualmente em todas as principais traduções, além de uma introdução com informações corretas, diferentemente da introdução original do livro publicado pela Hemus, apesar de discrepância nos versículos da tradução da Mercuryo em relação às principais traduções completas realizadas - as duas de Charles, a de Dillmann em alemão, a de Black, Piñero etc. Devido a essa diferença, não consegui identificar o texto fonte da tradução da Editora Mercuryo. Pode ser que a Mercuryo tenha decidido seguir um caminho próprio em relação aos versículos. Veja a nota de rodapé para alguns exemplos da discrepância de versículos[20]. Há ainda uma coleção de apócrifos que contém o Livro de Enoque traduzido por Cláudio J. A. Rodrigues, editada por Eduardo Proença, que foi publicada pela Editora Cristão Novo Século pouco depois do ano 2000, mas essa também foi baseada em um original bem ultrapassado, provavelmente algo parecido com o da Hemus. Em 2017 foi publicada uma outra tradução do Livro de Enoque pela Editora Fonte em outra compilação de apócrifos, editada pelo mesmo Eduardo Proença, mas não analisei essa tradução. Há também uma tradução feita em 2003 em Curitiba por Elson C. Ferreira, que a disponibilizou gratuitamente na Internet. Essa tradução de Elson foi aparentemente publicada no formato Kindle por Nando Guedes em 2014, afirmando ser o autor da tradução. Esse texto também possui erros de tradução, por ser uma tradução livre, ou seja, não profissional.

    A tradução aqui contida é nova e talvez seja "a primeira tradução científica do Livro de Enoque feita para a língua portuguesa", por se basear em várias traduções de Enoque, comparando-as, além de citar originais em alguns casos. Ela se

---

[20] O capítulo 1 da Mercuryo, por exemplo, tem 6 versículos, sendo que a 1ª e a 2ª tradução de Charles, as traduções Black, Dillmann, Piñero e Schodde concordam com 9, que é o padrão desde meados do século XIX. Da mesma forma, o capítulo 2 da Mercuryo tem 2 versículos, mas as demais concordam com 3.

baseia principalmente na segunda tradução de R. H. Charles, mas não a representa 100%, por eu ter usado em alguns casos traduções que pareciam melhores, como as de Black, Piñero etc. Em alguns casos, quando julguei necessário, faço comparações com as traduções de Dillmann, Fusella etc. e as detalho nas notas de rodapé. Além disso, levei em consideração todos os fragmentos descobertos nos manuscritos do Mar Morto traduzidos por Milik e os comentários de Milik sobre trechos do Livro de Enoque, cujas principais descobertas de rolos de pergaminho e fragmentos em aramaico foram encontradas nas cavernas em Qumram em 1946 a 1956[21]. As minhas notas mencionam também as principais divergências entre os manuscritos do livro em grego e etíope. Sendo assim, devido a este estudo comparativo de traduções e discrepâncias e devido ao fato que leva em conta as novidades apresentadas por Milik, a tradução aqui presente me parece ser a melhor tradução do livro de Enoque já feita no Brasil.

Finalmente, entre os manuscritos do livro de Enoque encontrados em meados do século XX no Mar Morto, existe um único completo no mundo escrito em aramaico, que foi encontrado na caverna 11 e se encontra em uma coleção particular. Esse manuscrito ainda não foi avaliado por nenhum acadêmico e o seu estudo no futuro certamente levaria a uma nova tradução. Descobertas arqueológicas de manuscritos continuam sendo feitas, e se outros fragmentos importantes forem encontrados, poderão levar a novas traduções.

Fabio R. de Araujo (tradutor e historiador)

---

[21] Em fevereiro de 2017, uma outra caverna foi encontrada em Qumram, com jarras para rolos, mas as jarras estavam vazias ou quebradas e acredita-se que foram pilhadas nos anos 1950.

O Livro de Enoque

Parte 1

Livro dos Vigilantes

Introdução[22]

Capítulo 1

¹Palavras de benção de Enoque: com as quais bendisse os escolhidos e justos que estarão presentes no dia da tribulação, quando todos os maus e ímpios serão eliminados.

²E iniciou dizendo – eu sou Enoque[23], homem justo, cujos olhos foram abertos por Deus, que teve a visão do Santíssimo nos céus, que os anjos me revelaram, e deles ouvi tudo, e entendi conforme via, não os acontecimentos desta geração, mas de uma geração distante que virá. ³Com relação aos escolhidos que mencionei, quando iniciei meu discurso: o Santíssimo sairá de sua morada ⁴e o Deus eterno caminhará sobre a terra e sobre o Monte Sinai e aparecerá com o seu poder dos céus. ⁵E todos serão tomados pelo medo e os vigilantes serão tomados pelo tremor E tentarão se esconder[24] nas extremidades da terra. ⁶E as montanhas altas tremerão e cairão e os lugares altos serão abaixados e

---

[22] Apesar de tradicionalmente o Livro dos Vigilantes constituir-se nos capítulos 1 a 36, os capítulos 1 ao 5 são uma introdução.
[23] Aqui Black traduz (do grego) isoladamente como "Oráculo de Enoque" e não "eu sou Enoque", a tradução tradicional deste trecho.
[24] Aqui segui parcialmente neste versículo a tradução de Black, diferente e maior que as demais. As outras traduções (Charles, Piñero, Dillmann etc.) não diz que tentarão se esconder.

os montes derreterão como a cera diante da chama. ⁷E a terra será destruída²⁵ e tudo que está sobre a terra morrerá e todas as pessoas serão julgadas. ⁸Mas os justos receberão a paz e os eleitos serão protegidos e a piedade estará com eles. E eles todos pertencerão a Deus e prosperarão e serão abençoados. E ele ajudará todos e a luz aparecerá para eles e a paz será feita com eles. ⁹Veja! Ele vem com miríades de santos para executar o julgamento sobre todos, destruir os pecadores e pedir contas às pessoas sobre todos os seus trabalhos pecaminosos que cometeram e todas as coisas duras que os pecadores falaram contra ele²⁶.

Capítulo 2

¹Observe²⁷ tudo o que ocorre nos céus, como os astros celestes não mudam as suas órbitas e como nascem e se põem em ordem, cada um em seu momento apropriado e não violam a lei à qual foram submetidos. ²Veja a terra e preste atenção às coisas que ocorrem nela, da primeira à última, como são inabaláveis, como nenhuma das coisas sobre a terra muda, mas todos os trabalhos de Deus são constantes. ³Veja o verão e o inverno, como toda a terra se enche de água, com nuvens, o orvalho e a chuva que caem nela.

Capítulo 3

Observe e veja como (no inverno) todas as árvores parecem que ficam

---

[25] Submersa nas traduções do etíope de Fusella (sommersa), Schodde (submerged), Dillmann (versinken) e Migne (submergée). A de Black, a de Flemming (bersten) e as de Charles usam despedaçada ou destruída. Piñero segue um caminho próprio e usa "fenderá", no sentido de criar uma fenda profunda, como ele explica em nota. A diferença é que alguns manuscritos em etíope e grego possuem a palavra destruir e outros em etíope possuem a palavra afundar ou submergir. Em etíope essas palavras têm 4 letras e uma única letra diferente, porém parecida, muda o sentido.
[26] Citado na Epístola de Judas v. 14, 15.
[27] A tradução do início deste capítulo e do início dos capítulos 3 a 5 difere em algumas traduções. Fusella, Schodde e Dillmann traduziram (do etíope) como se Enoque estivesse falando, "eu observei o que ocorre nos céus: como os astros..."
Migne/Laurence traduziu como se os anjos observassem em um versículo adicional. Mas a tradução de Milik (1976) do aramaico é "observe", no imperativo, como a de Black e de Charles.

secas e perdem todas as suas folhas, exceto catorze árvores, que não perdem a folhagem, mas retêm a folhagem por dois ou três anos até a renovação.

Capítulo 4

E, mais uma vez, observe os sinais do verão, como o calor do sol chega sobre a terra. E você procura sombra e abrigo devido ao calor do sol e a terra também esquenta com um calor radiante e você não consegue pisar na terra ou na rocha, por causa do calor.

Capítulo 5

¹Observe como as árvores se cobrem de folhas verdes e de frutos: preste atenção e conheça todos os trabalhos de Deus e reconheça como ele, que vive eternamente, os fez. ²E todos os seus trabalhos continuam ano após ano para sempre e todas as tarefas que eles realizam para ele e as tarefas deles não mudam, mas são realizadas de acordo com o que Deus ordenou. ³E veja como o mar e os rios, da mesma forma, não mudam e cumprem os seus mandamentos. ⁴Mas vocês não foram inabaláveis, nem respeitaram os mandamentos do Senhor, mas se afastaram e falaram orgulhosamente e com palavras duras com as suas bocas impuras contra a grandeza de Deus. Ah, vocês, que têm o coração duro, não terão paz. ⁵Portanto, malditos serão os seus dias, os anos de sua vida serão reduzidos e os anos de sua ruína serão multiplicados em execração eterna e vocês não terão misericórdia. ⁶Naqueles dias, vocês tornarão os seus nomes uma maldição eterna diante de todos os justos e, devido a vocês, todos os amaldiçoarão e, devido a vocês, os ímpios serão uma maldição. E todos os justos se alegrarão e haverá perdão de pecados e toda misericórdia, paz e tolerância: Haverá salvação[28] para eles, uma luz bondosa. E para todos os pecadores não haverá salvação, mas uma maldição. ⁷Mas para os escolhidos haverá luz, alegria e paz e eles herdarão a terra. ⁸E então será concedida aos escolhidos a sabedoria, e eles todos viverão e não mais pecarão, seja através de orgulho ou através de impiedade: Mas os sábios

---

[28] Aqui Black adiciona que eles herdarão a terra. A razão é que nos manuscritos gregos, este versículo 6 é mais longo e inclui este trecho.

serão humildes. ⁹E eles não transgredirão novamente nem pecarão todos os dias da vida deles, nem serão assassinados por ódio ou raiva, mas os dias de sua vida serão completos. E as suas vidas aumentarão na paz e os anos de sua alegria serão multiplicados, em felicidade eterna e paz, todos os dias da vida deles.

Livro dos Vigilantes

Capítulo 6

¹E naqueles dias, os filhos dos homens se multiplicaram e nasceram filhas bonitas e agradáveis. ²E os anjos, os filhos do paraíso, as viram e as desejaram e disseram uns aos outros: "Vamos escolher esposas dentre as filhas dos homens e ter filhos com elas". ³E Samyaza, que era o líder deles, disse: "Receio que vocês não concordarão com este ato e eu sozinho tenha que sofrer o castigo por um grande pecado". ⁴E eles todos disseram. "Vamos fazer todos um juramento e um pacto nos ligando todos por imprecações mútuas para não abandonarmos este plano, mas para conclui-lo". ⁵E todos eles juraram juntos e se ligaram por imprecações mútuas. ⁶E eram ao todo duzentos; que desceram nos dias de Jarede[29] no pico do monte Hérmon e o chamaram Monte Hérmon porque foi onde todos juraram e se ligaram por imprecações mútuas. ⁷E estes são os nomes dos seus líderes[30]: Samyaza, o líder deles, Arakiba, Rameel, Kocabiel, Tamiel, Ramiel, Danel, Ezequiel, Baraquial, Asael, Armaros,

---

[29] A 2a de Charles e Black se baseiam em manuscritos gregos. Já Piñero e Dillmann traduzem do etíope e usam "desceram em Ardis", que seria aparentemente o nome do pico do monte Hermon.

[30] Variações dos nomes e seus significados como traduzidos tradicionalmente entre parêntesis: Semihaza, Samiazaz, ou Semiaza (meu nome foi visto); Artaqoph, Arakiba ou Artaqifa (a terra é poder); Ramtel, Rameel ou Armen (calor ardente de Deus); Kokabel ou Kokabiel (estrela de Deus); Tamiel ou Taruel; Ramel, Ramiel ou Rumial (trovão de Deus); Daniel ou Danel (juiz de Deus); Zequiel, Ezeqeel ou Neqeel (raio brilhante de Deus); Baraquel ou Baraqel (raio de Deus); Atael, Asael ou Azazel (Deus fez); Hermoni, Armeros ou Armanos (adj. de Hermon); Matarel, Batarel ou Batarial (chuva de Deus); Ananel (nuvem de Deus); Satauel, Zaquiel ou Turiel (inverno de Deus); Samsiel, Sansapeel, Sinsipiel (sol de Deus); Sariel, Satreel ou Yesarel (lua de Deus), Tumiel ou Tumael (perfeição de Deus); Turiel ou Turel (montanha de Deus), Yomyael, Yomiel ou Rumel (dia de Deus, para Milik uma melhor tradução seria mar de Deus); Arazial, Azazel, Basasael ou Yhadiel (Deus guiará).

Batarel, Ananel, Zaquiel, Samsapeel, Satarel, Turel, Jomiael, Sariel.[31] [8]Cada um desses é chefe de dez anjos[32].

Capítulo 7[33]

[1]E todos os anjos[34] escolheram esposas e cada um escolheu uma, e começaram a ter relações sexuais com elas e a conviver com elas e ensinaram a elas encantamentos e feitiços, o corte de raízes e o conhecimento de plantas. [2]E elas engravidaram e conceberam gigantes, cuja altura era de 3.000 côvados.[35] [3]Eles consumiam todas as produções dos homens. [4]E quando os homens não conseguiam mais sustentá-los, os gigantes se voltaram contra eles e devoraram as pessoas. [5]E começaram a pecar contra as aves, os animais, os répteis e peixes e a devorar a carne uns dos outros e a beber o sangue. [6]Então a terra apresentou uma acusação contra os iníquos.

Capítulo 8[36]

[1]E Azazel ensinou os homens a construírem espadas e facas e escudos e couraças e ensinou a eles sobre os metais da terra e a arte de trabalhá-los e os braceletes e os ornamentos e o uso do antimônio, e o embelezamento das pálpebras, todos os tipos de pedras caras e todas as

---

[31] Há manuscritos mencionando 18 líderes, a versão em grego cita 20 e há manuscritos mencionando 21. A diferença nos nomes dos líderes nessas listas é considerável.
[32] Aqui Fusella. Dillmann e Schodde traduzem assim: "Esses eram os chefes de 200 anjos e os demais estavam com eles".
[33] Os capítulos 7 e 8 nas versões etíope e grega são diferentes. Os manuscritos gregos, por exemplo, começam o capítulo 7 dizendo: "No ano 1170 do mundo, todos eles escolheram mulheres e viveram com elas até o momento do catalismo. Geraram 3 raças: A primeira foi a dos enormes gigantes. Estes geraram Nefalim e estes Eliud... " A maioria dos autores adota a versão etíope nesses capítulos.
[34] Aqui preferi usar "todos eles", mas os textos em aramaico dizem "Eles (os 200 anjos) e seus líderes..." e a versão em grego diz: Esses (20 anjos) e todos os outros..." Enfim, todos.
[35] Milik explica que a altura de 3.000 côvados ou cúbitos, medida prosaicamente, deve ser reduzida para 30 côvados, o que corresponderia a cerca de 20 metros.
[36] O oitavo capítulo também é bem diferente em grego. Esta é a versão em etíope.

tinturas colorantes[37]. ²E surgiu muita impiedade e eles cometeram fornicação e foram desviados e se corromperam em todas as formas. ³Samyaza ensinou encantamentos e como cortar raízes, Armaros como anular os encantamentos, Baraquial a astrologia, Kocabel as constelações, Ezequiel o conhecimento das nuvens, Araquiel os sinais da terra, Shansiel[38] os signos do sol e Sariel o curso da lua. E conforme os homens morriam, lamentavam e as suas vozes chegaram até os céus...

Capítulo 9

¹E então Miguel, Uriel[39], Rafael e Gabriel[40] olharam para baixo do paraíso e viram muito sangue sendo derramado sobre a terra e toda a iniquidade sendo cometida sobre a terra. ²E disseram uns para os outros: As vozes e choro dos que lamentam chegam até os portões dos céus. ³E agora a vocês, santos do paraíso, as almas dos homens pedem justiça, se queixando e dizendo: "Leve o nosso caso ao Altíssimo". ⁴E (os anjos) disseram para o Senhor das eras[41]: "Tu és o Senhor dos senhores, o Deus dos deuses, o Rei dos reis e o Deus das eras, o trono da sua glória permanece através de todas as gerações pelas eras e o seu nome santo e glorioso por todas as eras! ⁵O Senhor fez todas as coisas e tem o poder sobre tudo: e todas as coisas são claras diante da sua visão e o Senhor vê todas as coisas e nada pode se ocultar do Senhor. ⁶O Senhor viu o que Azazel fez, que ensinou todas as iniquidades da terra e revelou os segredos eternos que estavam nos céus: ⁷E Samyaza, a quem o Senhor deu autoridade de comandar os seus associados ensinou a conjurar. ⁸E eles foram até as filhas dos homens da terra e dormiram com elas e cometeram impureza com elas e revelaram a elas todos os tipos de pecados. ⁹E as mulheres deram luz a gigantes e toda a terra se encheu de

---

[37] Ezequiel 32:27 e Números 13:33
[38] Os nomes desses anjos divergem em alguns manuscritos e traduções.
[39] Conforme Milik explica, ele prefere usar Sariel (príncipe de Deus) ou talvez ainda Suriel (parede de Deus) no lugar de Uriel (luz de Deus). Uriel é usado na tradução de Charles. Sariel aparece nos manuscritos em grego e Uriel em aramaico, provavelmente para diferenciar de Uriel, o guardião do Tártaro (citado em capítulo 20).
[40] Na tradução de Schodde, os anjos são Miguel, Gabriel, Uriel e Suriel. Na versão de Dillmann são cinco anjos: esses mesmos quatro e Rafael. Milik usa os mesmos 4 anjos que Charles.
[41] Aqui Milik traduz assim: e os anjos foram e disseram ao Senhor do Mundo: Tu és nosso grande Senhor, o Senhor do Mundo, o Senhor dos Senhores e Deus dos Deuses e Rei dos Mundos.

sangue e iniquidade. ¹⁰E agora, veja, as almas dos que morreram estão chorando e pedindo justiça aos portões do paraíso e os lamentos deles ascenderam: e não podem parar por causa dos atos iníquos que tomaram conta da terra. ¹¹E o Senhor sabe as coisas antes que elas aconteçam e o Senhor vê essas coisas e permite que elas aconteçam e o Senhor não nos diz o que devemos fazer com relação a elas".

Capítulo 10

¹Então o Altíssimo, o Santo e Grande falou e enviou Uriel[42] ao filho de Lameque, e disse a ele: ²"Vá até Noé e diga a ele em meu nome para se esconder e revele a ele o fim que está se aproximando: revele que toda a terra será destruída e que um dilúvio está prestes a chegar sobre toda a terra, que destruirá tudo que estiver sobre ela. ³E instrua-o para que ele possa escapar e a sua semente possa ser preservada". ⁴E o Senhor disse para Rafael: "Prenda Azazel pelas mãos e pés e lance-o nas trevas: e faça uma abertura no deserto que está em Dudael[43] e lance-o ali. ⁵E coloque sobre ele rochas ásperas e pontudas e cubra-o com trevas e deixe-o permanecer ali para sempre e cubra o seu rosto para que ele não possa ver a luz. ⁶E no dia do grande julgamento, que ele seja lançado no fogo. ⁷E cure a terra que os anjos corromperam e proclame a cura da terra, que suas feridas possam ser curadas para que os filhos dos homens não morram todos, devido às coisas secretas que os Vigilantes revelaram e ensinaram aos seus filhos. ⁸E como a terra inteira foi corrompida pelos trabalhos que foram ensinados por Azazel, responsabilize-o por todos os pecados". ⁹E o Senhor disse a Gabriel: "Proceda contra os bastardos e réprobos e contra os filhos da fornicação: e destrua os filhos dos Vigilantes dentre os homens: envie-os uns contra os outros para que possam destruir-se mutuamente em batalha: porque não terão uma vida longa. ¹⁰E eles suplicarão por seus filhos, mas nenhum pedido que fizerem será atendido, porque eles têm esperança que os filhos tenham uma vida eterna[44] e que cada um deles vivam quinhentos anos". ¹¹E o

---

[42] Nas traduções de Fusella, Schodde, Dillmann e Piñero, o enviado é Arsaialaliur e não Uriel. Uriel aparece na versão em grego. Provavelmente, Arsaialaliur é uma combinação das palavras "luz de deus" ou "sol de deus" e, portanto, equivaleria a Uriel.
[43] O capítulo 60 menciona o deserto de Dudain, que é o mesmo que o deserto de Dudael ou Dadduel. Veja a nota sobre o deserto de Dudain no capítulo 60 para mais informações sobre o deserto.
[44] Aqui (e provavelmente em outras passagens de textos antigos de origem hebraica e

Senhor disse a Miguel: "Vá, informe Samyaza e os que estão com ele, que se uniram a mulheres e que se perverteram com elas em toda a sua impureza. [12]E quando os filhos deles tiverem se matado mutuamente e eles tiverem visto a destruição de seus amados, prenda-os por setenta gerações nos vales da terra, até o dia do julgamento e dia da consumação deles, até que o julgamento eterno seja consumado. [13]Naqueles dias serão levados ao abismo de fogo: e ao tormento e prisão em que serão confinados por toda a eternidade. [14]E todos os que forem condenados e destruídos serão atados com eles até o fim de todas as gerações. [15]E destrua[45] todos os espíritos dos réprobos e os filhos dos Vigilantes, porque desviaram a humanidade levando-a ao erro. [16]Destrua todo o erro da face da terra e faça com que todo trabalho mau chegue a um fim: e deixe a planta da justiça e da verdade aparecer: e ela se constituirá em uma benção; os trabalhos da justiça e da verdade serão plantados em verdade e alegria para sempre. [17]Então todos os justos escaparão e viverão até que tenham gerado milhares de filhos e viverão todos os dias de sua juventude e da idade avançada deles em paz. [18]E então toda a terra será cultivada com justiça e plantada com árvores e será preenchida de bênçãos. [19]E todas as árvores desejáveis serão plantadas e plantarão vinhas: e a vinha que plantarem dará vinho em abundância e para cada semente que for plantada, cada medida dará mil e cada medida de azeitona dará dez prensas de azeite. [20]E purifique a terra, eliminando toda a opressão, toda a iniquidade, todo o pecado e toda a impiedade: e destrua na terra toda a impureza que a contaminou. [21]E todos os filhos dos homens se tornarão justos e todas as nações, me oferecerão adoração, me louvarão e me venerarão. [22]E a terra será purificada de toda impureza, pecado, punição, tormento e eu nunca mais enviarei (castigo) sobre ela de geração a geração e eternamente.

Capítulo 11

[1]E naqueles dias eu abrirei as câmaras de bênçãos que estão no céu, para enviá-las para eles, sobre a terra, sobre o trabalho dos filhos dos homens. [2]E a retidão e a paz estarão juntas durante todos os dias do mundo e todas as gerações".

---

cristã) eterna significa longa e não infinita.
[45] Black, nos versículos 15 e 16, usa "destruirei" no lugar de "destrua". Os outros usam "destrua".

Capítulo 12

¹Antes dessas coisas, Enoque se isolou[46] e nenhum dos filhos dos homens sabia onde ele estava escondido, onde ele vivia e o que tinha acontecido com ele. ²E as atividades dele eram com as dos Vigilantes e os dias dele eram com os santos. ³E eu, Enoque, estava louvando o Senhor de majestade e Rei eterno e veja! Os Vigilantes me chamaram –Enoque o escriba – e me disseram: ⁴"Enoque, escriba da justiça, vai, declare aos Vigilantes que saíram do alto dos céus, deixando o lugar eterno e santo e se contaminaram com mulheres, fizeram com elas como fazem os homens da terra e as tomaram por esposas: 'Vocês causaram uma grande destruição à terra: ⁵Não terão paz nem perdão sobre a terra'. ⁶Na medida que se encantarem com os seus filhos, presenciarão o assassinato dos que amam, lamentarão pela destruição deles e suplicarão eternamente, mas não obterão piedade nem paz".

Capítulo 13

¹E Enoque foi e disse: "Azazel, você não terá paz: uma sentença grave foi proferida contra você de prisão: ²E você não terá repouso, misericórdia nem nenhum pedido seu será atendido, por causa da iniquidade que ensinou e dos seus trabalhos ímpios, da maldade e pecado que você mostrou aos homens". ³Após ter falado para eles, todos ficaram com medo e o tremor tomou conta deles. ⁴E me imploraram para fazer uma petição por perdão e que eu lesse a petição deles diante do Senhor dos céus. ⁵Pois não podiam mais falar (com ele) nem levantar os olhos aos céus por vergonha de seus pecados pelos quais foram condenados. ⁶Então escrevi a petição deles com a oração pelos espíritos e pelos atos individuais deles e as solicitações deles pedindo perdão e liberdade[47]. ⁷E saí e me sentei diante das águas de Dã, na terra de Dã, ao sudoeste de Hérmon: Li a petição deles e dormi. ⁸E tive um sonho onde visões chegaram até mim e vi o castigo e veio uma voz que me pediu para falar com os filhos dos céus e para repreendê-los. ⁹Quando acordei, fui até

---

[46] Black diz aqui que Enoque foi levado, como no Gênesis bíblico, mas a maioria traduz esta passagem como se isolou ou se ocultou.
[47] Aqui, Black traduz como restauração e não liberdade.

eles e estavam todos sentados juntos, chorando em Abelsiail[48], que fica entre o Líbano e Seneser[49], com as suas faces cobertas. ¹⁰E contei para eles tudo o que vi nas visões que tive durante o sono e comecei a falar com palavras de justiça e a repreender os Vigilantes do paraíso.

Capítulo 14

¹Estas são as palavras de justiça e de repreensão dos Vigilantes eternos de acordo com a ordem do Grande Santo naquela visão. ²Eu tive uma visão durante o sono que contarei agora com a minha língua carnal e minha respiração humana, pois o mesmo Deus deu aos homens a boca para conversarem e se entenderem com o coração. ³Conforme ele criou o homem e o deu o poder de entender a palavra de sabedoria, ele me criou também e me deu o poder de reprimir os Vigilantes, os filhos do céu. (Falando agora com os anjos caídos) ⁴Eu escrevi a sua petição e na minha visão, me foi mostrado que a sua petição nunca será atendida e que o julgamento foi decidido para vocês: a petição não será atendida. ⁵E de agora em diante, vocês nunca mais subirão aos céus pois foi decretado atá-los à terra para que fiquem presos eternamente. ⁶E vocês verão a destruição dos seus filhos amados e não se deliciarão com eles, mas eles cairão diante de vocês pela espada. ⁷De nada valerá a sua petição por eles nem para vocês: apesar de vocês chorarem e falarem todas as palavras contidas no texto escrito que eu escrevi. ⁸E me foi mostrada uma visão assim: as nuvens e uma névoa me chamaram e o curso das estrelas e os relâmpagos aceleraram e me apressaram e os ventos na visão me fizeram voar e me levantaram e me levaram para o céu. ⁹E subi até que me aproximei de uma parede que é construída de granizo e rodeada por línguas de fogo: e isso começou e me amedrontar. ¹⁰E passei pelas línguas de fogo e cheguei a uma casa grande construída de granizo: e as paredes da casa eram como de um piso tesselado de granizo e o fundamento era de granizo. ¹¹O teto era como o caminho das estrelas e dos raios, e entre eles havia querubins ardentes e o céu deles era (como) água. ¹²Um fogo ardente rodeava as paredes e os seus portais queimavam com fogo. ¹³E entrei naquela casa e estava quente como fogo e fria como gelo: não havia delícias do mundo lá: o medo tomou conta de mim e o tremor veio até mim. ¹⁴E conforme eu tremia e tinha medo, caí. ¹⁵E tive uma visão, e

---

[48] Abel-maya, de acordo com Milik. Ubelseyael de acordo com Piñero.
[49] Senir, de acordo com Milik.

veja! Havia uma segunda casa, maior do que a primeira, e o portal inteiro estava aberto diante de mim e era construído de chamas de fogo. [16]E em todos os aspectos, ela superava em esplendor, magnificência e dimensões que eu não saberia descrever o seu esplendor e dimensões. [17]E o seu piso era de fogo e acima dele havia raios e o caminho das estrelas e o seu teto também era de fogo chamejante. [18]E olhei e vi um trono grandioso: a sua aparência era de cristal e as rodas dele como de sol brilhante e havia a visão de querubins. [19]E de baixo do trono saíam fluxos de fogo flamejante de forma que eu não podia olhar diretamente. [20]E o Grande Glorioso estava sentado ali e suas vestes brilhavam mais do que o sol e eram mais brancas do que qualquer neve. [21]Nenhum dos anjos podia entrar e contemplar a sua face por razão da sua magnificência e glória assim como nenhuma pessoa carnal podia olhar para ele. [22]O fogo flamejante o rodeava e havia um grande fogo ao redor dele e nada podia se aproximar dele: dez mil vezes dez mil (estavam) diante dele, e ele não precisava de conselheiro. [23]E os mais santos que estavam próximos dele não saíam de perto em momento algum dele. [24]E até aquele momento eu estava prostrado, tremendo: e o Senhor me chamou com a sua própria boca e me disse: "Aproxime-se Enoque e ouça a minha palavra". [25]E um dos santos veio até mim, me levantou e me fez me aproximar da porta, mas eu abaixei o meu rosto.

Capítulo 15

[1]E ele falou para mim e ouvi a sua voz: "Não tema, Enoque, homem justo e escriba da justiça: aproxime-se e ouça a minha voz. [2]E vá, diga aos Vigilantes do céu que o enviaram para interceder por eles: 'São vocês que deveriam interceder pelos homens, não os homens por vocês. [3]Por que deixaram o paraíso santo e eterno nas alturas para se deitar com mulheres e se perverter com as filhas dos homens, as tomando por esposas e fazendo como os filhos da terra, gerando gigantes como filhos? [4]Apesar de santos, espirituais e vivendo uma vida eterna, vocês se contaminaram com o sangue das mulheres e geraram (filhos) com sangue e carne e, como os filhos dos homens, desejaram a carne e sangue como aqueles que morrem. [5]Eu dei a eles esposas, para que eles as engravidassem e tivessem filhos, para que nada faltasse para eles na terra. [6]Mas vocês eram espirituais, vivendo a vida eterna e imortais por todas as gerações do mundo. [7]E por isso eu não escolhi esposas para vocês; pois para os espíritos que vivem no paraíso, o paraíso é a sua

morada. ⁸E agora, os gigantes, que foram gerados por espíritos e pela carne, serão chamados espíritos maus[50] sobre a terra e a terra será a habitação deles. ⁹Espíritos maus vieram do corpo deles; porque nasceram de mulheres e dos que eram Vigilantes santos em sua origem primordial e inicial; eles serão espíritos maus na terra e assim serão chamados. ¹⁰Os espíritos do céu vivem no céu e os espíritos da terra vivem na terra. ¹¹E os espíritos dos gigantes, os Nefilim[51], eles oprimem, causam prejuízo, atacam, lutam, destroem a terra e trazem tristeza, não se contentam com alimentos, nem com a sede[52]. ¹²E esses espíritos se levantarão contra os filhos dos homens e contra as mulheres, porque vieram deles.[53]

Capítulo 16

¹Nos dias da matança, destruição e morte dos gigantes, onde quer que saírem os espíritos de seus corpos, eles continuarão a destruir sem julgamento até o dia da consumação, o grande julgamento, quando será consumada esta era e será o fim dos Vigilantes e ímpios, a consumação total[54]. ²E para os vigilantes que o enviaram para que interceda por eles, que viviam no paraíso, (diga a eles): ³"Vocês viviam no paraíso, mas nem todos os mistérios lhes foram revelados e vocês conheciam os menos importantes e, na dureza de seus corações, vocês os revelaram às mulheres e através desses mistérios, as mulheres e os homens multiplicaram o mal na terra". ⁴Portanto, diga a eles: "Não há paz para vocês".

---

[50] Poderosos em Black. Nos outros é maus.
[51] Nefilim aparece somente nas traduções de Black e Piñero. Nefilim é o nome dos gigantes no Gênesis em hebraico. Parece que os textos em etíope e em grego estão corrompidos aqui, se lê nefelas (nuvens) e por isso passou-se a incluir nefilim em algumas traduções feitas a partir da década de 1980.
[52] Neste versículo a tradução difere em várias versões. Preferi a de Piñero, que é relativamente parecida com a de Black, exceto o final do versículo.
[53] Os versículos 11 e 12 são diferentes em grego e etíope. A tradução deste versículo está seguindo a tradução de Piñero e Black. Na última frase, a tradução de Schodde tem a negação, "não se levantarão", mas a de Charles não. A negação está presente em alguns manuscritos etíopes, mas não em grego.
[54] Aqui neste versículo preferi a tradução de Black, parecida com a de Piñero, mas diferente das demais. O texto parece estar corrompido em grego e esta parece ter sido a razão da diferença.

Capítulo 17

¹E eles me pegaram e me levaram para um lugar onde os que estavam ali eram como fogo flamejante e, quando queriam, apareciam como homens. ²E me levaram para o lugar das trevas e para uma montanha cujo ponto do pico alcançava o céu. ³E vi os lugares das luminárias, os tesouros das estrelas e o trovão nas profundezas mais distantes, onde havia um arco ardente com flechas e a aljava deles e uma espada ardente e todos os raios. ⁴E me levaram para as águas da vida[55] e para o fogo do oeste, que recebe todo pôr do sol. ⁵E cheguei a um rio de fogo onde o fogo flui como água e se descarrega no grande mar a oeste. ⁶Eu vi os grandes rios e cheguei ao grande rio e às grandes trevas e fui para o lugar onde nenhuma carne caminha. ⁷Eu vi as montanhas das trevas invernais e o lugar de onde todas as águas do abismo[56] deságuam. ⁸Vi as fozes de todos os rios da terra e a foz do abismo.

Capítulo 18

¹Eu vi as câmaras de todos os ventos: Vi como ele tinha realizado com elas toda a criação e as fundações da terra. ²E vi a pedra angular da terra: Vi os quatro ventos que suportam o firmamento do céu e a terra. ³E vi como os ventos expandem as abóbadas do céu e permanecem entre o céu e a terra: eles são os pilares dos céus. ⁴Vi os ventos que contornam o céu e levam o sol e todas as estrelas. ⁵Vi os ventos na terra que levam as nuvens e vi os caminhos dos anjos. ⁶Vi o firmamento do céu superior no fim da terra. E fui ao sul e vi um lugar que queima dia e noite, onde há sete montanhas de pedras magníficas, três para o leste e três para o sul. ⁷E com relação às que estão à leste, uma era colorida, e uma de pérola e uma de jacinto e as que eram voltadas para o sul eram de pedra vermelha. ⁸Mas a do meio chegava ao céu, como o trono de Deus, de esmeraldas[57], e o topo do trono era de safira. ⁹E eu vi um fogo flamejante

---

[55] Black traduz essa passagem como águas subterrâneas.
[56] Profundezas
[57] A palavra em grego e hebraico pode significar mármore e alabastro e Charles, Piñero e a maior parte das traduções usa alabastro. Black acredita que aqui há uma confusão e a palavra que o autor queria usar é esmeraldas. Ele dá explicações válidas para sustentar a sua escolha por isso a adotei.

além dessas montanhas. ¹⁰E vi um lugar além das extremidades da terra,[58] ali os céus terminavam. ¹¹E vi um abismo profundo, com colunas de fogo celestial e entre elas vi colunas de fogo caindo, que eram desmesuradas em termos de altura e profundidade. ¹²E além desse abismo, vi um lugar que não tinha firmamento do céu acima dele e não havia terra fundada abaixo: não havia água nem pássaros, mas era um lugar vazio e horrível. ¹³Vi ali sete estrelas como grandes montanhas envolvidas em fogo e quando perguntei sobre elas, ¹⁴o anjo me disse: este lugar é o fim do céu e da terra: ele serve como prisão para as estrelas e as legiões que vivem no céu. ¹⁵E as estrelas envoltas em fogo são as que transgrediram o mandamento do Senhor no início do nascimento delas, porque não nasceram no horário marcado. ¹⁶E ele se enfureceu com elas e as prendeu até o tempo que a culpa seja consumada; por dez mil anos".[59]

Capítulo 19

¹E Uriel me disse: "Aqui ficarão os anjos que tiveram relações sexuais com mulheres, cujos espíritos assumirão muitas formas diferentes pervertendo a humanidade desviando as pessoas ao ponto que façam sacrifício para demônios como deuses, até o dia do grande julgamento quando serão julgados. ²E as mulheres dos anjos chorarão por eles[60]". ³E eu, Enoque, vi sozinho a visão, os fins de todas as coisas: e nenhum homem viu o que eu vi.

---

[58] Aqui sigo a tradução de Black, que faz mais sentido.
[59] Aqui, algumas versões, como a de Piñero, usam "até que a culpa seja consumada, no ano do mistério".
[60] A tradução de Black, a 2ª de Charles, Piñero, Flemming e de outros é "as mulheres se tornarão sereias". Na tradução de Schodde, Dillmann, Flemming (usa 2) e a 1ª de Charles, este trecho diz que as mulheres "serão como amigas deles", e não sereias. A tradução de Migne diz que as mulheres (que os seduziram) morrerão com eles, mas é única e não parece corresponder à fonte. O termo traduzido como sereia também significa coruja do deserto, conhecida por seu canto como choro lamentoso e por isso o termo pode ser associado a choro. De fato, o capítulo 96 usa novamente o mesmo termo, desta vez, claramente associado a choro. Então, possivelmente, a tradução correta seria "coruja do deserto" e não sereia. Preferi mencionar diretamente o choro, pois parece ser este o objetivo do escritor.

Capítulo 20

¹E estes são os nomes dos santos anjos que vigiam: ²Uriel[61], um dos santos anjos, que preside o trovão e terremoto[62]. ³Rafael, um dos santos anjos, que preside os espíritos dos homens. ⁴Raguel, um dos santos anjos, que castiga o mundo e as luminárias[63]. ⁵Miguel, um dos santos anjos, que preside a melhor parte da humanidade e o caos. ⁶Saraquael[64], um dos santos anjos, que preside os espíritos das pessoas que induzem os espíritos a pecar. ⁷Gabriel, um dos santos sanjos, que preside o Paraíso, as serpentes e os Querubins. ⁸Remiel, um dos santos anjos, que Deus coloca sobre os que ascendem.[65]

Capítulo 21

¹E fui para um lugar vazio. ²E vi lá algo terrível: Não vi nem um céu acima, nem terra firmemente fundada, mas um lugar vazio e horrível. ³E havia ali sete estrelas do céu atadas juntas, como grandes montanhas e ardendo com fogo. ⁴Então eu disse: "Por que pecado estão presas e por que razão foram colocadas aqui?" ⁵Então Uriel, um dos santos anjos, que estava comigo e era líder, disse: "Enoque, por que você pergunta e por que quer conhecer a verdade? ⁶Estas são as estrelas do céu que transgrediram o mandamento do Senhor e ficarão atadas aqui por dez mil anos[66], até que o tempo associado ao pecado delas seja consumado". ⁷E dali fui para outro lugar, ainda mais terrível do que o anterior e vi uma coisa horrível: um grande fogo que queimava e brilhava e o lugar era uma fissura tão profunda como o abismo, cheio de grandes colunas de fogo que desciam por ele: eu não podia ver nem supor nem o tamanho, nem a origem, nem a magnitude delas. ⁸Então eu disse: "Como este lugar é amedrontador e terrível!" ⁹Então Uriel, um dos santos anjos que estava

---

[61] Em algumas traduções do etíope, Uriel é o anjo do trovão e do tremor e não o anjo que preside o mundo e o Tártaro.
[62] Mundo e Tártaro em algumas traduções. Trovão e terremoto em Black, Dillmann e Piñero.
[63] Aqui a tradução de Piñero e Schodde parece melhor do que a Charles então a adotei.
[64] Sariel, para Black.
[65] Remiel (versículo 8) não aparece na tradução de Fusella, Schodde e de Dillmann, do etíope, que listam neste capítulo apenas seis anjos.
[66] Algumas traduções do etíope dizem "dez mil mundos" e não dez mil anos, que Black e Charles usam.

comigo, me disse: "Enoque, por que tem tanto medo?" E respondi: "Por causa deste lugar amedrontador e por causa do espetáculo de dor". [10]E ele me disse: "Este lugar é a prisão dos anjos e aqui ficarão presos pela eternidade".

Capítulo 22

[1]E dali fui para outro lugar onde ele me mostrou a oeste uma montanha de rocha dura. [2]E havia nela quatro cavidades, cujo interior era profundo, amplo e muito liso. Três cavidades eram escuras e uma era brilhante, com uma fonte de água dentro[67]. E eu disse: "Como essas cavidades são profundas e escuras!" [3]E Rafael, um dos santos anjos que estava comigo, me disse: "Estas cavidades foram criadas para que os espíritos dos mortos sejam reunidos aqui, para que todas as almas dos filhos dos homens sejam reunidas aqui. [4]E estes lugares foram feitos para mantê-los aqui até o dia do julgamento, quando ocorrerá o grande julgamento sobre eles". [5]Vi o espírito de um homem morto[68] se queixando e o seu lamento chegou ao céu e foi aberto um processo. [6]E perguntei a Rafael, o anjo que estava comigo: "Em relação a este espírito que se queixa, de quem é essa voz que sobe até o céu e abre um processo?" [7]E ele respondeu, dizendo: "Este é o espírito de Abel, que foi assassinado pelo seu irmão Caim, e ele o acusa até que a sua semente seja destruída da face da terra e seja aniquilada dentre a semente dos homens". [8]Então perguntei sobre as cavidades: "Por que estão separadas umas das outras?" [9]E ele me respondeu: "Foram feitas assim para que os espíritos dos mortos possam ser separados. Esta cavidade foi feita para os espíritos dos justos, onde há a fonte de água brilhante[69]. [10]E esta outra foi feita para os pecadores que morrem e são enterrados na terra sem terem sido julgados durante a vida. [11]Aqui os espíritos deles ficarão separados em grande dor até o grande dia do julgamento, punição e tormento. [12]Ali ele os atará para sempre. E esta cavidade foi feita para os espíritos que lamentam e se queixam, que fazem revelações sobre a morte deles, quando foram mortos nos dias dos pecadores. [13]Esta foi criada para os espíritos dos homens que não eram justos, mas pecadores e

---

[67] Esta parte, de 3 cavidades escuras e 1 clara encontra-se apenas em Black e Piñero, mas faz sentido.
[68] Piñero usa no plural, homens mortos.
[69] A tradução do etíope do Professor Schodde é levemente diferente, já que diz que há uma fonte de água e, sobre ela, luz.

coparticiparam com os ímpios, mas como aqui são afligidos, serão menos castigados: não serão mortos no dia do julgamento, nem eles serão tirados dali[70]". ¹⁴Então eu bendisse o Senhor de glória, dizendo: "Bendito seja meu Senhor, Senhor da justiça, que reina eternamente".

Capítulo 23

¹Dali eu fui para outro lugar à oeste, nas extremidades da terra. ²E vi um fogo ardendo que percorria incessantemente o seu curso dia e noite regularmente. ³E perguntei: "O que é isso, que não para?" ⁴Então Raguel, um dos santos anjos que estava comigo, respondeu: "Este fogo em curso que você viu no oeste é o fogo que arde em todas as luminárias do céu".

Capítulo 24

¹E dali fui para outro lugar da terra e ele me mostrou montanhas de fogo que queimavam dia e noite. ²E indo até elas vi sete montanhas magníficas, todas diferindo umas das outras, e as pedras (delas) eram lindas, magníficas como um todo, de aparência gloriosa no exterior: três delas estavam a leste, uma fundada na outra e três estavam ao sul, uma sobre a outra, com ravinas rugosas e profundas, nenhuma das quais se unia às outras. ³E a sétima montanha estava no meio dessas e ela as superava em altura, parecendo o assento de um trono: e árvores com fragrância circulavam o trono. ⁴E entre elas havia uma árvore que eu nunca tinha sentido o cheiro, nem havia outra entre elas nem havia outras como ela: ela tinha uma fragrância extraordinária e as suas folhas, flores e madeira nunca apodrecem: e o seu fruto é bonito e parece com a tâmara[71]. ⁵Então eu disse: "Como esta árvore é bonita e cheirosa e as suas folhas são belas, e as suas flores têm uma aparência encantadora!" ⁶Então Miguel, um dos santos anjos honrados que estava comigo e era o líder deles, falou:

---

[70] Aqui me baseei na versão em grego, a em etíope é diferente.
[71] Uva, na tradução de Schodde. Palmeira para Piñero. A maioria usa tâmara.

Capítulo 25

¹E me disse: "Enoque, por que você me pergunta com relação à fragrância da árvore e por que quer conhecer a verdade?" ²Então respondi dizendo: "Quero saber sobre tudo, mas especialmente sobre esta árvore". ³E ele disse: "Essa montanha alta que você viu, cujo cume é como o trono de Deus, é o trono onde o Santíssimo, o Senhor da Glória, o Rei Eterno, sentará, quando descer para visitar a terra com bondade. ⁴E com relação a esta árvore cheirosa, nenhum mortal tem a permissão de tocá-la até o grande julgamento. Quando (tudo) for consumado eternamente, ela será dada aos justos e santos. ⁵O seu fruto será o alimento dos escolhidos: ela será transportada para um lugar santo, e plantada no templo do Senhor, o Rei Eterno⁷². ⁶Então, eles se alegrarão muito, ficarão felizes e entrarão no lugar santo; e a sua fragrância penetrará nos seus ossos e viverão uma vida longa na terra, como a que seus pais viveram: e naqueles dias, não haverá doença nem tristeza, nem tormento nem calamidade sobre eles"⁷³. ⁷Então eu bendisse o Deus da Glória, o Rei Eterno, que tinha preparado essas coisas para os justos e as tinha criado e prometido para dar a eles.

Capítulo 26

¹E dali fui para o meio da terra e vi um lugar abençoado no qual havia árvores com galhos que brotavam com flores de uma árvore podada. ²E lá vi uma montanha santa, e sob a montanha ao leste havia um riacho e ele fluía para o sul. ³E olhando para leste, vi outra montanha mais alta do que essa e entre elas um vale profundo e estreito: dentro dele também corria um riacho sob a montanha. ⁴E a oeste havia outra montanha, menor do que a anterior e de elevação moderada e um vale profundo e seco entre elas: e outros vales profundos e secos nas extremidades das três montanhas. ⁵E todos os vales eram profundos e estreitos, de rocha dura, e não havia árvores neles. ⁶E me maravilhei muito por causa das rochas e do vale.

---

⁷² Do lado do templo ou casa do Senhor, para Black.
⁷³ Aqui, a recompensa dos justos é uma vida longa (não eterna) sobre a terra como a dos pais de Enoque (não no céu), ou seja, uma vida terrena que duraria cerca de 1000 anos.

Capítulo 27

¹E eu disse: "Por que razão existe esta terra abençoada, que está totalmente cheia de árvores e este vale maldito no meio?" ²Então Uriel, um dos santos anjos que estava comigo, respondeu: "Este vale maldito é para os que são amaldiçoados eternamente: aqui serão reunidos todos os malditos que proferem com os seus lábios palavras indecorosas contra Deus e coisas inapropriadas sobre a sua glória. Serão reunidos aqui e aqui será o lugar de julgamento deles. ³Nos últimos dias, haverá o espetáculo do julgamento justo deles, diante dos justos, para a eternidade: aqui os misericordiosos bendirão o Senhor da glória, o Rei Eterno. ⁴Nos dias do julgamento deles, eles bendirão Deus pela sua misericórdia, pois ele teve piedade deles". ⁵Então eu bendisse o Deus da glória e sua glória e o louvei de forma digna de sua majestade.

Capítulo 28

¹E dali fui para o leste, para o meio da cadeia de montanhas do deserto, onde vi uma planície, com árvores e plantas. ²E água descia do alto. ³Essa água corria abundantemente indo para o noroeste, criando nuvens e orvalho em todos os lados.

Capítulo 29

¹E dali fui para outro lugar no deserto e me aproximei do leste desta cadeia de montanhas. ²E ali vi árvores aromáticas[74] exalando a fragrância de incenso e mirra e as árvores eram parecidas com a amendoeira.

Capítulo 30

¹E passando por elas, continuei indo para o leste e vi outro lugar, um vale com águas perenes. ²E ali havia uma árvore, com cor e fragrância

---

[74] Árvores do julgamento, em Piñero e Schodde. Black traduz como junípero

parecidas com a do lentisco[75]. ³E nos lados desses vales, eu vi canela fragrante. E depois deles, continuei para o leste.

Capítulo 31

¹E vi outras montanhas e nelas, havia bosques de árvores e delas saía néctar, cujo nome é gálbano e sarara[76]. ²E além dessas montanhas, vi outra montanha ao leste das extremidades da terra, onde havia aloés e todas as árvores estavam cheias de resina, como amendoeiras. ³E quando alguém fazia uma incisão[77] nelas, saia um odor era mais doce do que qualquer fragrância agradável.

Capítulo 32

¹E depois disso, quando olhei para o norte, vi sete montanhas cheias de nardo, árvores aromáticas, canela e pimenta. ²E dali passei sobre os cumes de todas essas montanhas, indo para o leste da terra e passei sobre o Mar Eritreu e me afastei dele e passei sobre uma área escura[78]. ³E cheguei ao Jardim da Justiça, e havia um grande número de árvores ali e eram grandes, bonitas, gloriosas e magníficas e ali estava a árvore da sabedoria, cujo fruto santo dá grande sabedoria quando se come. ⁴Essa árvore tem a altura do abeto, as suas folhas são como as da alfarrobeira e o seu fruto é como o das bagas de uva, muito bonito e a fragrância é percebida de longe. ⁵Então eu disse: "Como esta árvore é bonita e como é agradável de olhar!" ⁶Então Rafael, um dos santos anjos que estava

---

[75] Aqui, as traduções diferem.
[76] Não encontrei tradução para sarara ou sarira, mas deve tratar-se de uma planta com odor adocicado. Um vocabulário em amárico diz que é uma flor preta. O Professor Schoode também não encontrou a palavra em lugar nenhum. Black traduz como styrax (e gálbano), ingredientes de incenso.
[77] Aqui também não há consenso nas traduções, mas Milik e Black preferem assim. Piñero traduz como "e quando pulverizam os seus frutos". Outros traduziram como "quando se queima a árvore".
[78] Aqui outras versões usam Zotiel ou Zutel, que para alguns acadêmicos era o nome de anjo desconhecido, que não aparece em outros textos antigos. Black e Milik afirmam que provavelmente o texto foi corrompido e Black traduz como "passei sobre uma grande escuridão".

comigo, me disse: "Esta é a árvore da sabedoria, da qual seus antepassados comeram e adquiriram sabedoria, os olhos deles foram abertos, perceberam que estavam nus e foram expulsos do paraíso".

Capítulo 33

¹E dali fui para as extremidades da terra e vi lá grandes animais e cada um diferia do outro; e (vi) aves também diferindo em aparência, beleza e voz, uma diferindo da outra. ²E ao leste desses animais, vi as extremidades da terra, onde repousa o céu e vi os portais do céu abertos. ³E vi como as estrelas do céu se deslocam e contei os portais de onde vinham e anotei todas as saídas delas de cada estrela individual, de acordo com o número e nome dela, cada curso e cada posição e as horas e meses de cada, conforme Uriel, o anjo santo que estava comigo, me mostrava. ⁴Ele mostrou todas as coisas para mim e as escreveu para mim: também escreveu para mim os nomes delas, suas leis e funções.

Capítulo 34

¹E dali fui para o norte, para as extremidades da terra, e lá vi uma cena grandiosa e gloriosa nas extremidades de toda a terra. ²E vi três portais do céu abertos no céu: através de cada um deles, saíam ventos do norte: quando sopram, há frio, granizo, geada, neve, orvalho e chuva. ³E de um portal, o sopro é para o bem: mas o sopro através dos outros dois portais sai com violência e causa dano sobre a terra, pois sopram com grande força.

Capítulo 35

¹E dali fui para o oeste para os confins da terra e vi lá três portais do céu abertos, como os que eu tinha visto no leste, o mesmo número de portais e de saídas.

Capítulo 36

¹E dali fui para o sul para as extremidades da terra e vi ali três portais abertos do céu: e dali saíam orvalho, chuva e ventos. ²E dali, fui para o leste para as extremidades do céu e vi os três portais do leste do céu abertos e pequenos portais acima deles. ³Através de cada um desses pequenos portais, passam as estrelas do céu e seguem o seu curso para oeste pelo caminho destinado para elas. ⁴E enquanto eu via, bendizia continuamente o Senhor da Glória, que tinha criado maravilhas grandes e gloriosas, por mostrar a grandeza do seu trabalho para os anjos, para os espíritos e para os homens, para que pudessem louvar o trabalho dele e toda a sua obra: que todos possam ver o trabalho do Todo-Poderoso e louvar o grande trabalho de suas mãos e bendizê-lo para sempre.

Parte 2

Livro das Parábolas ou Segunda Visão

Capítulo 37

¹Segunda visão, visão da sabedoria, que Enoque, filho de Jarede, filho de Malalel, filho de Cainan, filho de Enos, filho de Sete, filho de Adão, teve.

²Este é o início das palavras de sabedoria, as quais eu comecei a falar e dizer para os que vivem sobre a terra: Ouçam, antepassados, e vejam, o futuro que virá, as palavras do Santo que falarei diante do Senhor dos Espíritos. ³Seria melhor declarar para os antepassados, mas não ocultaremos o início da sabedoria para que virão. ⁴Até o dia de hoje, essa visão nunca tinha sido revelada pelo Senhor dos Espíritos, como eu vi, de acordo com a boa vontade do Senhor dos Espíritos através de quem a recompensa de vida eterna me foi dada. ⁵Três parábolas me foram comunicadas e levantei a minha voz e as contei para os que vivem sobre a terra.

Capítulo 38

¹Esta é a primeira parábola, quando a congregação dos justos aparecerá e os pecadores serão julgados por seus pecados e retirados da face da terra. ²E quando o Justo aparecer diante dos justos e escolhidos, cujas obras escolhidas serão exibidas ao Senhor dos Espíritos e a luz aparecer

para os justos e os escolhidos que vivem sobre a terra, onde será a morada dos pecadores, onde será o lar dos que negaram o Senhor dos Espíritos? Teria sido melhor que não tivessem nascido. ³Quando os segredos dos justos forem revelados, os pecadores serão julgados e os ímpios retirados da presença dos justos e escolhidos. ⁴Naquele tempo, os donos de terra não serão mais poderosos nem exaltados, nem poderão contemplar a face do santo, porque o Senhor dos Espíritos fez com que a luz dele aparecesse sobre a face dos santos, justos e escolhidos. ⁵Então os reis e os poderosos morrerão e serão entregues às mãos dos justos e santos. ⁶E a partir daquele momento, ninguém poderá obter piedade do Senhor dos Espíritos pois a vida deles estará acabada.

Capítulo 39

¹Naqueles dias, os filhos santos e escolhidos desceram[79] do alto dos céus e a semente deles se uniu à dos filhos dos homens. ²E naqueles dias, Enoque recebeu livros de zelo e ira e livros de inquietude e expulsão. E a piedade não será dada a eles, disse o Senhor dos Espíritos. ³E naqueles dias, um redemoinho e uma nuvem me levaram da terra, me transportando até a extremidade dos céus. ⁴E ali tive outra visão, onde vi os locais de morada dos santos e os locais de repouso dos justos. ⁵Ali meus olhos viram a habitação deles com os seus anjos justos e os locais de repouso deles com os santos. E eles pediam, intercediam e oravam pelos filhos dos homens e a justiça fluía diante deles como água e a piedade caía sobre a terra como orvalho: assim, a justiça fará eternamente. ⁶E naquele lugar, os meus olhos viram o Escolhido da justiça e da fé. E haverá justiça nos dias dele; os justos e escolhidos serão inumeráveis diante dele eternamente. ⁷E vi a sua habitação sob as asas do Senhor dos Espíritos. E a justiça prevalecerá nos dias dele e os justos e escolhidos serão incontáveis diante dele eternamente[80]. E todos os justos e escolhidos diante Dele serão radiantes como luzes fortes e a boca deles estará cheia de bendições e os lábios deles exaltarão o nome do Senhor dos Espíritos e os justos diante dele nunca errarão e a justiça nunca

---

[79] As traduções deste versículo estão no futuro, mas preferi colocar no passado. Acredito que ele esteja se referindo a um fato passado, pois está parafraseando o capítulo 1. O versículo 2 e 3 são traduzidos por Charles e Black no passado, somente o 1 no futuro. Alguns acadêmicos como Fusella acreditam que ele está se referindo a uma descida de anjos futura.
[80] Este versículo difere um pouco em outras traduções.

falhará diante dele. ⁸Ali desejei viver e meu espírito desejou viver naquele lugar: e ali estava a minha recompensa que me tinha sido alocada antes, porque assim tinha sido estabelecido com relação a mim pelo Senhor dos Espíritos. ⁹Naqueles dias, eu louvei e exaltei o nome do Senhor dos Espíritos com bendições e louvores, porque ele tinha me destinado para bendição e glória de acordo com a boa vontade do Senhor dos Espíritos. ¹⁰Por um longo tempo, os meus olhos olharam aquele lugar e eu bendisse e o louvei, dizendo: "Bendito seja ele e possa ele ser bendito desde o início e eternamente". ¹¹E diante dele não existe fim. Ele já sabia, antes que o mundo tivesse sido criado, como será o futuro e que ocorrerá de geração para geração. ¹²Aqueles que não dormem o bendizem: eles ficam de pé diante de sua glória e bendizem, louvam e exaltam, dizendo: "Santo, santo, santo, é o Senhor dos Espíritos: ele encheu a terra com espíritos". ¹³E aqui os meus olhos viram todos que não dormiam: eles ficam de pé diante Dele e o bendizem, dizendo: ¹⁴"Bendito seja Deus e bendito seja o nome do Senhor eternamente". E o meu rosto mudou e eu não conseguia mais ver nada.

Capítulo 40

¹E depois, eu vi um número enorme de pessoas, milhares e milhares e dez mil vezes dez mil, uma multidão incontável que estava de pé diante do Senhor dos Espíritos. ²E vi nos quatro lados do Senhor dos Espíritos quatro presenças[81], diferentes das outras, e conheci os seus nomes: pois o anjo que estava comigo me disse os nomes deles e me revelou todos os segredos. ³E ouvi as vozes das quatro presenças conforme proferiam louvores diante do Senhor da glória. ⁴A primeira voz bendizia o Senhor dos Espíritos eternamente. ⁵E a segunda voz que ouvi bendizia o Escolhido e os escolhidos que dependem do Senhor dos Espíritos. ⁶E a terceira voz que ouvi orava e intercedia por aqueles que vivem sobre a terra e suplicava em nome do Senhor dos Espíritos. ⁷E ouvi a quarta voz rechaçando os satãs, impedindo-os de se aproximar do Senhor dos Espíritos para acusar os que vivem sobre a terra. ⁸Depois disso, perguntei ao anjo da paz que estava comigo que me mostrava as coisas ocultas: "Quem são estas quatro presenças que disseram as palavras que ouvi e

---

[81] Black e Charles traduzem como presenças. Alguns traduzem como rostos, e não presenças, como Piñero e Schodde.

escrevi?' ⁹E ele disse: "O primeiro é Miguel, o misericordioso e calmo[82]: e o segundo é o encarregado de todas as doenças e feridas dos filhos dos homens, é Rafael: e o terceiro, que administra todas as potências, é Gabriel: e o quarto, que é o encarregado do arrependimento e da esperança dos que conquistam a vida eterna, é Fanuel". ¹⁰E esses são os quatro anjos do Senhor dos Espíritos e as quatro vozes que ouvi naqueles dias.

Capítulo 41

¹E após disso, vi todos os segredos do céu e como o reino está dividido e como as ações dos homens são pesadas na balança. ²E lá vi os lares dos escolhidos e as congregações dos santos e meus olhos viram todos os pecadores que negavam o nome do Senhor dos Espíritos sendo retirados de lá e sendo arrastados: e eles não podiam suportar a punição do Senhor dos Espíritos. ³E lá os meus olhos viram os segredos do raio e do trovão e os segredos dos ventos, como eles são divididos para soprar sobre a terra e os segredos das nuvens e do orvalho e lá vi de onde eles vinham e como eles saturam a terra de pó desde aquele lugar. ⁴E vi câmaras fechadas através das quais os ventos eram divididos, a câmera do granizo, a câmera da neblina e das nuvens e essas nuvens estão sobre a terra desde o início do mundo. ⁵E vi as câmeras do sol e da lua, de onde eles veem e para onde vão e o glorioso retorno deles e como um é superior ao outro e a órbita imponente deles e como eles não saem de sua órbita e não adicionam nem subtraem nada à sua órbita, de acordo com o juramento que fizeram. ⁶E primeiro o sol avança e percorre o seu caminho ao comando do Senhor dos Espíritos e poderoso é o seu nome eternamente. ⁷E depois disso, vi os caminhos visível e oculto[83] da lua e ela percorre o seu curso de dia e de noite, cada um possuindo uma posição oposta à outra, diante do Senhor dos Espíritos. E eles dão graças e louvor e não repousam; pois para eles o louvor é o repouso. ⁸Pois o sol muda frequentemente para bendizer ou amaldiçoar e o curso da lua é luz para os justos e escuridão para os pecadores no nome do Senhor, que separou a luz das trevas e dividiu os espíritos dos homens e reforçou os espíritos dos justos, em nome de sua justiça. ⁹Pois nem um anjo impede e nenhum poder é capaz de impedir; pois ele apontará um juiz para todos eles e ele

---

[82] Aqui preferi usar a tradução de Schodde. A de Charles é sofredor.
[83] Quando a lua não aparece no céu.

julgará todos diante dele.

Capítulo 42

¹A sabedoria não encontrou morada onde deveria habitar, então uma habitação foi criada para ela nos céus. ²A sabedoria foi estabelecer a sua morada entre os filhos dos homens, mas não encontrou lugar e voltou ao seu lar e tomou o seu assento entre os anjos. ³E a iniquidade saiu de suas câmeras: e foi recebida por quem não procurou e ela foi recebida como a chuva no deserto e o orvalho na terra seca.

Capítulo 43

¹E vi relâmpagos e as estrelas celestes e vi como ele chamava todos por seus nomes e o ouviam. ²E vi como são pesados em uma balança de justiça de acordo com a luz de cada um, com os espaços deles e o dia do aparecimento deles, e como o movimento deles produz o relâmpago: e esse movimento é de acordo com o número de anjos e sua fé mútua[84]. ³E perguntei ao anjo que estava comigo que me mostrava tudo que estava oculto: "Quem são estes?" ⁴E ele me disse: O Senhor dos Espíritos revelou o significado das parábolas: são os nomes dos santos que vivem na terra e que acreditam no nome do Senhor dos Espíritos eternamente".

Capítulo 44

¹Além disso, vi outro fenômeno com relação aos relâmpagos: como algumas das estrelas nascem e se tornam relâmpagos[85] e não podem deixar a nova forma.

---

[84] Este versículo difere um pouco nas traduções.
[85] Aqui estou seguindo a tradução de Black. A tradução está levemente diferente em Charles.

Capítulo 45

¹Esta é a segunda Parábola relativa aos que negam a (existência da) morada[86] dos santos e do Senhor dos Espíritos. ²Não ascenderão aos céus e não virão à terra: esta será a recompensa dos pecadores que negaram o nome do Senhor dos Espíritos, que são reservados, portanto, para o dia de sofrimento e tribulação. ³Naquele dia, o meu Eleito sentará no trono de glória e julgará as obras deles e, ao mesmo tempo, os lugares de repouso dos justos serão incontáveis. E as almas dos justos se fortalecerão quando virem meu eleito e os que invocaram meu nome glorioso[87]. ⁴Então naquele dia farei com que meu Eleito viva entre eles. E transformarei o céu e o tornarei uma bênção eterna e luz. ⁵E transformarei a terra e a tornarei uma bênção:[88] E farei com que os meus escolhidos vivam sobre ela: mas os pecadores e maus não colocarão o pé nela. ⁶Pois dei e satisfiz meus justos com a paz e fiz com que vivessem diante de mim: mas para os pecadores, serão julgados por mim, quando os destruirei da face da terra.

Capítulo 46

¹E lá vi Aquele que era como um ancião dos dias[89] e a sua cabeça era branca como a lã e com ele estava outro ser cuja aparência era a de um homem e o seu rosto era cheio de graça, como um dos santos anjos. ²E pedi ao anjo que estava comigo que me revelasse os segredos relativos àquele Filho do Homem, quem era, de onde vinha e por que estava com o Ancião dos Dias. ³E ele me respondeu: "Este é o filho do Homem, que tem justiça, com quem a justiça habita e que revela os tesouros secretos,

---

[86] Aqui a tradução de todos é morada, mas Black traduz como testemunho. Ele alega que o texto "negar a morada" é estranho e não faz sentido, com o que concordo. Mas a explicação dele não me parece fazer muito sentido, então preferi manter a tradução tradicional.

[87] A tradução do terceiro versículo em Black é um pouco diferente, segui a de Charles e a de Piñero.

[88] Profecia da transformação do céu e da terra no fim do mundo, presente não apenas no cristianismo.

[89] Ancião dos dias significa um idoso, com cabelos brancos. Piñero entende a expressão como "eterno".

porque o Senhor dos Espíritos o escolheu, sua recompensa supera tudo por sua justiça eterna diante do Senhor dos Espíritos. ⁴E esse Filho do Homem que você viu removerá os reis e poderosos de seus tronos e afrouxará as rédeas dos fortes e quebrará os dentes dos pecadores. ⁵E derrubará os reis de seus tronos porque eles não o exaltam e nem o louvam, nem reconhecem humildemente de onde o reino foi dado a eles. ⁶E derrubará a aparência arrogante dos fortes e a vergonha tomará conta deles. E trevas serão a habitação deles e vermes serão os seus leitos e não terão esperança de sair de seus leitos, porque não exaltam o nome do Senhor dos Espíritos. ⁷E estes são os que dominam⁹⁰ as estrelas do céu e humilham a terra onde vivem. E todos os seus atos manifestam a iniquidade e o poder deles está em sua riqueza e a fé deles está nos deuses que fizeram com as mãos e eles negam o nome do Senhor dos Espíritos. ⁸E eles perseguem⁹¹ as casas de congregações dele e dos justos que confiam no nome do Senhor dos Espíritos.

Capítulo 47

¹Naqueles dias, a oração e o sangue dos justos ascenderão da terra até ficarem diante do Senhor dos Espíritos. ²Então, os santos que vivem no alto dos céus se unirão em uma só voz, suplicarão, orarão, darão graças e bendirão o nome do Senhor dos Espíritos em nome do sangue dos justos que foi derramado, para que a oração dos justos não seja em vão diante do Senhor dos Espíritos, que o julgamento seja realizado para eles e que não tenham que sofrer eternamente. ³Naqueles dias, eu vi o Ancião dos Dias⁹², quando ele se sentou no seu trono de glória e os livros dos vivos foram abertos diante dele: e todas as suas legiões que estão no céu superior e seus conselheiros ficaram de pé diante dele. ⁴E os corações dos santos se encheram de alegria; porque a justiça tinha sido feita e a oração dos justos tinha sido ouvida e o sangue dos justos tinha sido exigido diante do Senhor dos Espíritos.

---

[90] Provavelmente seriam astrólogos, caso contrário não me parece fazer sentido. A tradução deste verbo diverge nas traduções. Usei a de Schodde.
[91] Perseguem as igrejas, as reuniões dos cristãos.
[92] Black traduz como Princípio dos dias.

Capítulo 48

¹E naquele lugar, vi uma fonte de justiça inexaurível: e ao redor dela, havia muitas fontes de sabedoria: e todos os sedentos bebiam nela e ficavam repletos de sabedoria e as moradas deles eram com os justos, santos e escolhidos. ²E naquela hora, o Filho do Homem foi pronunciado na presença do Senhor dos Espíritos e o nome dele diante do Ancião dos Dias[93]. ³E antes que o sol e os sinais tivessem sido criados, antes que as estrelas do céu tivessem sido feitas, o nome dele era pronunciado diante do Senhor dos Espíritos. ⁴Ele será um bastião dos justos, sobre o qual se apoiarão e não cairão e será a luz dos gentis e a esperança dos amargurados. ⁵E todos os que vivem sobre a terra se ajoelharão, o adorarão e louvarão e bendirão e celebrarão com música o Senhor dos Espíritos. ⁶E por esta razão ele foi escolhido e oculto[94] diante Dele, antes da criação do mundo e eternamente. ⁷E ele revelou a sabedoria do Senhor dos Espíritos para os santos e justos; pois preservou a recompensa dos justos, porque eles odiaram e desprezaram este mundo de iniquidade e odiaram todos os seus trabalhos e formas em nome do Senhor dos Espíritos: em nome dele eles serão salvos, pois ele foi o bastião da vida deles. ⁸Nestes dias, os reis da terra e os fortes que possuem a terra ficarão abatidos, devido às suas obras, pois no dia de aflição e angústia não conseguirão se salvar. ⁹E eu os colocarei nas mãos de meu escolhido: queimarão como a palha no fogo diante da face do santo: Como chumbo na água, afundarão diante da face do justo e nenhum traço deles será mais encontrado. ¹⁰E no dia da aflição deles, haverá repouso para os justos[95] e diante dos justos, cairão e não se levantarão novamente: e não haverá ninguém para levantá-los pela mão, pois negaram o Senhor dos Espíritos e o seu Ungido. Bendito seja o nome do Senhor dos Espíritos.

Capítulo 49

¹A sabedoria é derramada como água e a glória diante dele não cessará por toda a eternidade. ²Pois ele é poderoso em todos os segredos da justiça

---

[93] Black aqui traduz como Chefe dos dias.
[94] Piñero aqui traduz como eleito.
[95] Aqui, a tradução de Charles diz "haverá repouso na terra", mas não faz muito sentido, já que o trecho seguinte "diante deles" parece se referir aos justos.

e a iniquidade desaparecerá como uma sombra e não permanecerá; porque o Escolhido se levantou diante do Senhor dos Espíritos, a sua glória é eterna e o seu poder existirá sobre todas as gerações. ³E nele vive o espírito da sabedoria, o espírito que dá compreensão, o espírito do entendimento e do poder e o espírito dos que faleceram[96] na justiça. ⁴E ele julgará as coisas secretas e ninguém conseguirá proferir uma palavra de mentira diante dele; pois ele é o Escolhido diante do Senhor dos Espíritos, de acordo com a sua vontade.

Capítulo 50

¹E naqueles dias, uma mudança ocorrerá para os santos e escolhidos e a luz dos dias será colocada sobre eles e a glória e a honra se voltarão para os santos. ²No dia da aflição, o mal se reunirá contra os pecadores, mas os justos serão vitoriosos em nome do Senhor dos Espíritos. E ele fará com que os outros testemunhem para que possam[97] se arrepender e renunciar às suas obras. ³Eles não terão honra diante do Senhor dos Espíritos, apesar de serem salvos através do nome dele e o Senhor dos Espíritos terá compaixão deles, pois a sua compaixão é grande. ⁴E ele é justo em seu julgamento e na presença de sua glória, a iniquidade certamente não permanece: Em seu julgamento, os que não se arrependerem morrerão diante dele. ⁵E "eu não serei mais piedoso com eles", disse o Senhor dos Espíritos.

Capítulo 51

¹E naqueles dias, a terra também devolverá o que foi confiado a ela. E Sheol[98] também devolverá o que recebeu e o reino dos mortos[99] devolverá o que deve. ²Pois naqueles dias, o Eleito se levantará e escolherá os justos e santos dentre eles: pois o dia que eles devem ser

---

[96] Piñero aqui traduz como "espíritos dos que morreram na justiça". Faz mais sentido, outros traduzem como "espíritos que dormiram na justiça".
[97] Provavelmente o correto aqui seria "podiam".
[98] Local de residência dos mortos, que servirá até o julgamento ou, em alguns casos, o inferno.
[99] Abbadon, na tradução de Black. Destruição, na tradução de Piñero. Abbadon é um termo hebraico que aparece na Bíblia como lugar de destruição, reino dos mortos e como anjo do abismo (Apocalipse/Revelação 9:11).

salvos está próximo. ³E o Eleito naqueles dias sentará no trono dele[100] e sua boca revelará todos os segredos de sabedoria e conselhos: Pois o Senhor dos Espíritos (os) deu a ele e o glorificou. ⁴E naqueles dias, as montanhas saltarão como cabritos e os montes também saltarão como cordeiros satisfeitos com leite e as faces dos anjos no céu brilharão com alegria[101]. ⁵E a terra se alegrará e os justos viverão sobre ela e os escolhidos caminharão sobre ela.

Capítulo 52

¹E após estes dias, naquele lugar onde eu tinha tido todas as visões do que está oculto - eu tinha sido levado em um redemoinho e tinham me transportado para o ocidente -²lá meus olhos viram todas as coisas secretas do céu, uma montanha de ferro, uma montanha de cobre, uma montanha de prata, uma montanha de ouro, uma montanha de metal[102] mole[103] e uma montanha de chumbo. ³E perguntei ao anjo que estava comigo: "O que são essas coisas que vi em segredo?" ⁴E ele me disse: "Todas essas coisas que você viu servirão ao domínio do Ungido dele para que ele possa ser poderoso e potente sobre a terra". ⁵E este anjo da paz respondeu, dizendo para mim: "Espere e serão reveladas todas as coisas secretas a respeito do Senhor dos Espíritos. ⁶E essas montanhas que seus olhos viram; a montanha de ferro, a montanha de cobre, a montanha de prata, a de ouro, a de metal mole e a de chumbo; todas estarão diante do Eleito como a cera diante do fogo e como a água que desce do alto para baixo, estarão sem força diante dos pés dele. ⁷E naqueles dias, ninguém será salvo por conta própria, nem pelo ouro nem pela prata e ninguém conseguirá escapar. ⁸E não haverá ferro para guerra, nem ninguém usará um peitoral metálico. Nem o bronze nem o estanho terá utilidade nem será estimado, nem o chumbo será desejado. ⁹E todas essas coisas

---

[100] Algumas traduções são "no meu trono". Black, Dillmann e Schodde traduzem como "trono dele". Piñero e Charles "meu trono".
[101] A tradução aqui difere em Schodde e Dillmann. Dillmann diz que os justos serão anjos e o rosto do Eleito estará alegre. Schodde diz que todos os justos serão anjos e o rosto deles estará alegre.
[102] De acordo com Milik, o autor do livro de Enoque não conhecia a palavra metal. O texto original diz "aquilo que é cavado da terra". Os tradutores nos séculos XIX e XX passaram a traduzir como metal.
[103] Traduzido como "metal mole" pela maioria das traduções porém estanho, por Piñero e Fusella e Flemming.

serão destruídas da superfície da terra, quando o Eleito aparecer diante da face do Senhor dos Espíritos".

Capítulo 53

¹Lá meus olhos viram um vale profundo com entrada aberta e todos que viviam sobre a terra, o mar e as ilhas levarão presentes e sinais de homenagem, mas esse vale profundo não se encherá. ²E as mãos deles cometerão atos criminosos e, sendo pecadores, devoram criminosamente o que é dos justos, a quem oprimem: mas os pecadores serão destruídos diante da face do Senhor dos Espíritos e serão banidos da face da terra e morrerão eternamente. ³Pois vi os anjos da punição residindo (ali) e preparando todos os instrumentos de Satã. ⁴E perguntei ao anjo da paz que estava comigo: "Para quem estão preparando esses instrumentos?" ⁵E ele me disse: "Eles os preparam para os reis e poderosos dessa terra, para que possam ser destruídos. ⁶E depois disso, o Justo e Eleito fará com que a casa de sua congregação (igreja) apareça: daí em diante eles não serão mais dificultados por causa do nome do Senhor dos Espíritos. ⁷E diante de sua justiça, essas montanhas se tornarão planas,[104] os montes serão como uma fonte de água e os justos descansarão da opressão causada pelos pecadores".

Capítulo 54

¹E olhei e me voltei para outra parte da terra e vi lá um vale profundo com fogo queimando. ²E eles levaram os reis e os poderosos e começaram a lançá-los neste vale profundo. ³E lá meus olhos viram como faziam os instrumentos deles, correntes de ferro de peso imensurável. ⁴E perguntei ao anjo da paz que estava comigo: "Essas correntes estão sendo preparadas para quem?" E ele me disse: ⁵Para as legiões de Azazel, para levá-los e lançá-los no abismo[105] de condenação total e o abismo será coberto com pedras ásperas como o Senhor dos Espíritos comandou. ⁶E

---

[104] Neste versículo, sigo a tradução de Black.
[105] Inferno, para Black.

Miguel, Gabriel, Rafael e Fanuel cuidarão deles naquele grande dia e os lançarão no forno ardente, para que o Senhor dos Espíritos possa se vingar deles por sua iniquidade, por terem se sujeitado a Satã e terem feito perder os que vivem sobre a terra". ⁷E naqueles dias, a punição virá do Senhor dos Espíritos e ele abrirá todas as câmeras de águas que estão acima dos céus e das fontes que estão sob a terra. ⁸E todas as águas serão unidas: a que está acima, nos céus, masculina, com a água que está sob a terra, feminina. ⁹E elas tirarão a vida de todos que vivem na terra e os que vivem sob as extremidades do céu. ¹⁰E apesar de terem reconhecido a iniquidade que cometeram sobre a terra, morrerão por ela.

Capítulo 55

¹E depois disso, o Ancião dos Dias se arrependeu e disse: "Eu destruí em vão todos os que vivem sobre a terra". ²E ele jurou por seu grande nome: "Daqui em diante, não farei mais isso com os que vivem na terra e colocarei um sinal no céu: e será um compromisso de boa fé entre eles e mim para sempre, enquanto o céu estiver sobre a terra. ³E este é o meu desejo: Quando chegar o momento castigá-los no dia da tribulação e dor por causa disso, será através de meus anjos. E farei com que meu castigo e minha ira permaneçam sobre os pecadores, disse Deus, o Senhor dos Espíritos. ⁴Vocês, reis poderosos que vivem sobre a terra, terão que contemplar meu Eleito, vê-lo no trono de glória julgando Azazel e todos os seus comparsas e todas as suas legiões em nome do Senhor dos Espíritos".

Capítulo 56

¹E eu vi lá as legiões de anjos da punição indo, e portavam açoites e correntes de ferro e bronze. ²E perguntei ao anjo da paz que estava comigo, dizendo: "Para onde estão indo estes com açoites?' ³E ele me disse: "Para os escolhidos deles e amados por eles, para que possam ser lançados no abismo do vale. ⁴E então aquele vale ficará cheio com os escolhidos e amados deles e os dias de suas vidas terminarão e os dias de pecados não mais existirão. ⁵E naqueles dias os anjos voltarão e irão para

o leste na direção dos partos e medas[106]: eles agitarão os reis, para que o espírito de intranquilidade caia sobre eles e eles os levantarão de seus tronos, para que possam avançar como leões saindo de seus covis e como lobos famintos entre suas matilhas. [6]E irão e destruirão a terra dos escolhidos. [7]Mas a cidade de meus justos será um obstáculo aos seus cavalos. E eles começarão a lutar entre si e a mão direita deles será forte contra eles próprios, e um homem não conhecerá o seu irmão nem um filho o seu pai ou mãe, até que o número de cadáveres na mortandade seja atingido e a punição deles não seja em vão. [8]Naqueles dias Sheol abrirá sua boca e eles serão engolidos e a destruição deles será eterna; Sheol devorará os pecadores na presença dos escolhidos".

Capítulo 57

[1]E depois disso eu vi um grupo de veículos transportando homens pelos ventos do leste e do oeste para o sul. [2]E o barulho desses veículos foi ouvido e quando este barulho foi feito, os santos do céu observaram e os pilares da terra foram movidos de lugar e o barulho foi ouvido de uma extremidade do céu até a outra[107], durante um dia. [3]E eles cairão todos e adorarão o Senhor dos Espíritos. E este é o fim da segunda parábola.

Capítulo 58

[1]E comecei a falar a terceira parábola, sobre os justos e escolhidos. [2]Benditos sejam vocês, justos e escolhidos, pois gloriosa será a sua recompensa. [3]E os justos estarão na luz do sol. E os escolhidos na luz da

---

[106] Para alguns acadêmicos, esta passagem dá uma indicação da época em que os capítulos 56 e 57 foram escritos. Os partas invadiram Palestina por volta de 40 a. C. quando eram inimigos de Israel e por isso a redação destes capítulos teria se dado perto desses anos. James A. Waddell acredita que a passagem tem relação com o momento quando Crassus liderou os romanos contra os partas em Carrhae em 53 a.C. Piñero diz que ele se inspira em Ez 38 e 39. Poderia também ter relação com as profecias e crenças (principalmente hebraicas) que dizem que haverá uma guerra que trará destruição e morte a muitos dos israelenses, quando serão salvos pelo Rei Messias que aguardam.

[107] Charles, Flemming e Piñero traduzem assim. As traduções de Black, Fusella, Schodde e Dillmann dizem que o barulho foi ouvido das extremidades da terra até as extremidades do céu. Isso depende dos manuscritos em que se baseiam.

vida eterna: os dias da vida deles serão intermináveis e os dias dos santos sem número. ⁴E procurarão a luz e encontrarão justiça com o Senhor dos Espíritos: Haverá paz para os justos no nome do Senhor Eterno[108]. ⁵E depois disso, será dito para os santos no céu que devem buscar os segredos da justiça, a herança da fé: Pois ela brilhará como o sol sobre a terra e as trevas desaparecerão. ⁶E haverá uma luz incessante e infinita, pois as trevas terão sido destruídas e a luz estará estabelecida diante do Senhor dos Espíritos e a luz de justiça estará sempre presente diante do Senhor dos Espíritos.

Capítulo 59

¹Naqueles dias, meus olhos viram os segredos dos raios com base nas palavras e ordem deles, que iluminam para bênção ou para maldição conforme o ²Senhor dos Espíritos quer. E lá vi os segredos do trovão e como quando ele ressoa acima do céu, o som dele é ouvido nas residências na terra[109], independentemente se são para bem-estar e bênção ou para maldição, de acordo com a palavra do Senhor dos Espíritos. ³E após isso, todos os segredos dos raios e palavras de ordem me foram mostrados, como iluminam para bênção e satisfação.

Capítulo 60

¹Ano 500, sétimo mês, dia catorze do mês da vida de Enoque. Em uma parábola, eu vi como um poderoso terremoto fez o céu dos céus tremer e as legiões do Altíssimo e os anjos, mil milhares e dez mil vezes dez mil ficaram agitados com grande inquietude. ²E o Ancião dos Dias sentou em seu trono de glória e os anjos e justos estavam de pé ao seu redor. ³E senti um grande tremor e o medo tomou conta de mim e meus quadris cederam e minhas articulações se enfraqueceram e caí sobre meu rosto. ⁴E Miguel enviou outro anjo dentre os santos anjos que me levantou e

---

[108] Senhor do Mundo, em Schodde. A expressão "Senhor do Mundo" também é usada por Milik em alguns casos na tradução dos manuscritos do Mar Morto em aramaico.
[109] Aqui traduzi com base em alguns manuscritos, sem seguir nenhuma tradução que vi, pois como há discrepância entre manuscritos, segui os que me parecem fazer mais sentido neste caso.

quando me levantou, meu espírito voltou; pois eu não conseguia suportar a visão dessa legião e a comoção e o tremor do céu. ⁵E Miguel me disse: "O que você viu que o deixou tão abalado? Até hoje durou o dia de sua piedade e ele foi piedoso e paciente com os que vivem sobre a terra. ⁶E quando o dia, o poder, a punição e o julgamento chegarem, que o Senhor dos Espíritos preparou para os que não adoram o Juiz justo, para os que negam o Juiz justo[110] e para os que usam o seu nome em vão - para este dia foi preparado um pacto divino para os escolhidos e, para os pecadores, uma inquisição. [Quando a punição do Senhor dos Espíritos chegar sobre eles, ela permanecerá a fim de que o julgamento do Senhor dos Espíritos possa não ser em vão e possa destruir os filhos com suas mães e os filhos com seus pais. Posteriormente, o julgamento ocorrerá de acordo com a sua piedade e paciência.][111] ⁷E naquele dia, dois monstros serão soltos, um é fêmea e é chamado Leviatã, que habitará nos abismos do oceano sobre as fontes das águas. ⁸O monstro macho é chamado Behemoth, que ocupará[112] com o seu tórax um deserto vazio chamado Duidain[113], a leste do jardim onde os escolhidos e justos vivem, de onde meu avô[114] foi levado, o sétimo desde Adão, o primeiro homem criado pelo Senhor dos Espíritos. ⁹E implorei ao outro anjo que me mostrasse o poder desses monstros, como eles foram soltos um dia, sendo um lançado no abismo do mar e o outro na terra seca do deserto. E ele me disse: ¹⁰"Filho de homem, você quer saber o que está oculto". ¹¹E o outro anjo que estava comigo me revelou o que estava oculto sobre tudo, no céu em altura, e sob a terra em profundidade, e nas extremidades do céu e na fundação do céu. ¹²E como os espíritos dos ventos são divididos, como são pesados, (como) os portais dos ventos são numerados, cada um de acordo com a força do vento, a força das fases da lua, de acordo com o período, as divisões das estrelas de acordo com os seus nomes e como todas as divisões são feitas. ¹³Além disso, os trovões de acordo com os

---

[110] Julgamento dos justos na tradução de Charles, aqui preferi a tradução de Black, Juiz justo.

[111] Este trecho entre chaves encontra-se na tradução de Charles, mas não na de Black e nem em outras.

[112] Há traduções usando as formas verbais no passado e no presente. Preferi usar no futuro, porque faz mais sentido, já que o capítulo diz que os monstros serão soltos em seus habitats. A de Charles está no passado.

[113] Dendain, de acordo com Schodde e Milik. Milik afirma ainda que o nome do lugar é obviamente Deddain, que significa "dois peitos", indicando "duas montanhas". Milik diz ainda que o nome teria relação com o acadiano Masu (Gilgamesh, IX. ii. 9). Desde o terceiro milênio a. C. cilindros na Mesopotâmia representam o deus estrela entre estes dois picos. Entre as 2 montanhas, está o deserto. Black coloca apenas um "?".

[114] O avô citado, na verdade trisavô, é Enoque. Este capítulo teria sido escrito por Noé.

locais onde caem e todas as divisões feitas entre os raios para que possam iluminar e a legião a quem eles devem obedecer imediatamente. ¹⁴Pois o trovão tem locais de repouso atribuídos a ele enquanto espera por seu estrépito; e o trovão e o raio são inseparáveis e apesar de não serem um, são inseparáveis, vão juntos através do espírito e não se separam. ¹⁵Pois quando o raio ilumina, o trovão emite a sua voz e o espírito estabelece uma pausa durante o estrépito e a divide igualmente entre eles; pois o depósito de seus estrépitos é como a areia e cada um deles, conforme ribomboa, é contido com uma rédea, e retrocede pelo poder do espírito e avança de acordo com as muitas regiões da terra. ¹⁶E o espírito do mar é masculino e forte e de acordo com o seu poder, ele recua com uma rédea e da mesma forma é conduzido à frente e se dispersa entre todas as montanhas da terra. ¹⁷E o espírito da geada é um anjo anunciador de algo ruim[115] e o espírito do granizo é um bom anjo. ¹⁸E o espírito da neve nunca falha por conta de sua força - há um espírito especial para ele e o que sobe dele é como a fumaça e o seu nome é geada. ¹⁹E o espírito da nuvem de tempestade não está unido com eles em suas câmeras, mas tem uma câmera especial; porque o seu curso é glorioso na luz e na escuridão e no inverno e no verão, e na sua câmera há um anjo. ²⁰E o espírito do orvalho tem a sua habitação nas extremidades do céu e está associado às câmeras da chuva e o seu curso está no inverno e no verão: e as suas nuvens e as nuvens da névoa estão associadas e uma dá a outra. ²¹E quando o espírito da chuva avança de sua câmera, os anjos saem e abrem a câmera e o levam para fora, e quando a chuva se difunde sobre toda a terra, se une à água na terra. E quando ela se une à água na terra... ²²Pois as águas são para os que vivem sobre a terra; pois elas são alimento para a terra do Altíssimo que está no céu: portanto, há uma medida para a chuva, e os anjos se responsabilizam por isso. ²³E essas coisas eu vi perto do Jardim dos Justos. ²⁴E o anjo da paz que estava comigo, me disse: "Aqueles dois monstros, serão preparados para o grande dia do Senhor e se alimentarão[116] para que as punições de Deus não sejam em vão e os filhos serão mortos com suas mães e com seus pais. ²⁵Quando as punições do Senhor dos Espíritos terminarem, haverá um julgamento com piedade e paciência".

Capítulo 61

---

[115] Aqui há divergências nas traduções dos acadêmicos, preferi seguir a de Black.
[116] O versículo 24 e o versículo 25 foram traduzidos do texto de Black.

¹E naqueles dias vi que fitas longas foram dadas para dois anjos e eles pegaram asas para eles próprios e voaram para o norte. ²E perguntei ao anjo: "Por que aqueles anjos pegaram essas fitas e voaram?" E ele me disse: "Eles foram medir". ³E o anjo que estava comigo, me disse: "Eles trarão as medidas dos justos e as linhas da justiça para os justos, para que possam ficar no nome do Senhor dos Espíritos eternamente. ⁴Os escolhidos começarão a habitar com os escolhidos e essas são as medidas que serão dadas à fé e aos que se reforçam na justiça. ⁵E essas medidas das fitas revelarão todos os segredos das profundidades da terra e os que foram destruídos pelo deserto, os que foram devorados pelos animais, os que foram devorados pelos peixes do mar, para que possam voltar para ficar no dia do Escolhido, pois ninguém será destruído diante do Senhor dos Espíritos e ninguém pode ser destruído. ⁶E então todos os que vivem no alto no céu receberam uma ordem, uma força, uma voz e uma luz como fogo. ⁷E eles bendisseram, exaltaram e louvaram com sabedoria do Senhor dos Espíritos e foram sábios em suas palavras e com espírito da vida. ⁸E o Senhor dos Espíritos colocou o Escolhido no trono da glória. E ele julgará todos os trabalhos dos santos no céu e com justiça os seus atos serão pesados. ⁹E quando ele levantar o seu rosto para julgar os segredos pela palavra do nome do Senhor dos Espíritos, e o caminho deles de acordo com o julgamento justo do Senhor dos Espíritos, com uma só voz todos falarão e abençoarão, e glorificarão, exaltarão e santificarão o nome do Senhor dos Espíritos. ¹⁰E ele convocará todas as legiões dos céus e todos os santos acima e a legião de Deus, os Querubins, Serafins, Ofanins e todos os anjos de poder e todos os anjos das principalidades e o Escolhido e as outras potências da terra e sobre a água. ¹¹Naquele dia, se levantará uma voz e bendirá, glorificará e exaltará no espírito da fé, no espírito de sabedoria, no espírito da paciência, no espírito de piedade, no espírito de julgamento e de paz e no espírito de bondade e dirão todos com uma só voz: "Bendito seja ele e que o nome do Senhor dos Espíritos seja bendito eternamente". ¹²Todos os que não dormem no céu o bendirão: Todos os santos que estão no céu o bendirão e todos os escolhidos que vivem no jardim da vida: e todo espírito de luz que pode abençoar, glorificar, e exaltar e santificar o seu nome bendito, e toda a carne glorificará e bendirá sem limite o seu nome eternamente. ¹³Porque grande é a piedade do Senhor dos Espíritos e ele é paciente e todos os trabalhos que ele criou, revelou para os justos e escolhidos no nome do Senhor dos Espíritos".

Capítulo 62

¹E assim, o Senhor ordenou aos reis, poderosos, exaltados e os que vivem na terra e disse: "Abram os seus olhos e levantem a cabeça se forem capazes de reconhecer o Escolhido". ²E o Senhor dos Espíritos o fez sentar[117] sobre o seu trono de glória e o espírito da justiça foi derramado sobre ele e a palavra de sua boca mata todos os pecadores e todos os iníquos são destruídos diante de sua face. ³Naquele dia todos os reis, poderosos, exaltados e os que vivem na terra se levantarão e verão e reconhecerão que ele senta no trono de sua glória e as pessoas são julgadas com justiça diante dele e nenhuma palavra de mentira é falada diante dele. ⁴Então a dor cairá sobre eles como em uma mulher em trabalho de parto quando a criança está prestes a nascer e ela sofre para colocá-lo para fora. ⁵E olharão uns para os outros, ficarão aterrorizados e abaixarão o rosto e a dor tomará conta deles, quando virem o Filho do Homem[118] sentado no trono de sua glória. ⁶E os reis e os poderosos e todos que possuem a terra bendirão, glorificarão e exaltarão aquele que governa todos, que estava oculto. ⁷Pois desde o início o Filho do Homem estava oculto e o Altíssimo o preservou na presença de seu poder e o revelou aos escolhidos. ⁸E a congregação dos escolhidos e santos florescerá e todos os escolhidos estarão de pé diante dele naquele dia. ⁹E todos os reis, poderosos, exaltados e os que dominam a terra cairão diante dele sobre suas faces e venerarão e colocação a sua esperança no Filho do Homem e pedirão e suplicarão por piedade a ele. ¹⁰Apesar disso, o Senhor dos Espíritos pressionará para que eles sejam retirados da presença dele e as suas faces sejam cobertas com vergonha e as trevas caiam sobre suas faces. ¹¹E ele os entregará aos anjos para punição, para que executem vingança sobre eles, porque eles oprimiram os seus filhos e seus escolhidos e eles serão um espetáculo para os justos e para os seus escolhidos: ¹²Eles se alegrarão com eles, porque a ira do Senhor dos Espíritos está sobre eles e a sua espada é bebida com o sangue deles. ¹³E

---

[117] Sentou, em Black, Piñero, Dillmann e Schodde porém "o fez sentar" em Charles, que parece fazer mais sentido, porque o trecho se refere ao Filho do Homem, não ao Ancião dos Dias.

[118] Aqui, na tradução de Black e Schodde, está "filho de mulher", não de homem. Como explicam alguns acadêmicos, em etíope, a diferença entre homem e mulher, na ortografia, é apenas uma letra a mais no fim da palavra "mulher", e o copista pode ter cometido um erro. Flemming, Piñero e Charles usam homem. Os manuscritos em etíope tardios usam filho de mulher, mas os mais antigos usam filho de homem.

os justos e escolhidos serão salvos naquele dia e nunca mais verão a face dos pecadores e iníquos. ¹⁴E o Senhor dos Espíritos permanecerá com eles e com o Filho do Homem eles comerão, dormirão e acordarão eternamente. ¹⁵E os justos e escolhidos se levantarão da terra e cessarão[119] de ficar com o rosto abaixado. E usarão vestes de glória: ¹⁶E essas vestes serão vestes da vida do Senhor dos Espíritos, que não envelhecerão, nem a glória deles passará diante do Senhor dos Espíritos.

Capítulo 63

¹Naqueles dias, os poderosos e reis que possuem a terra implorarão aos anjos da punição para que os concedam um pouco de repouso, para que possam se prostrar e venerar o Senhor dos Espíritos e confessar os pecados deles diante dele. ²E bendirão e glorificação o Senhor dos Espíritos e dirão: "Bendito é o Senhor dos Espíritos e o Senhor dos reis e o Senhor dos poderosos e o Senhor dos que comandam e o Senhor da glória e o Senhor da sabedoria e esplêndido em todas as coisas secretas. ³E o seu poder permanece de geração para geração e a sua glória é eterna: profundos são os seus segredos e inumeráveis e a sua justiça está além de reconhecimento. ⁴Nós aprendemos que devemos glorificar e bendizer o Senhor dos reis e ele que é rei sobre todos os reis". ⁵E eles dirão: "Quem nos dará repouso para glorificar e dar graças e confessar a nossa fé diante de sua glória? ⁶Agora desejamos um pouco de repouso e não temos: Fizemos o máximo de esforço e não conseguimos: E a luz desapareceu diante de nós e a escuridão é o nosso lar eterno: ⁷Pois não acreditamos diante dele nem glorificamos o nome do Senhor dos Espíritos, mas a nossa esperança estava no cetro do poder, em nosso reino e em nossa glória. ⁸E no dia de nosso sofrimento e tribulação, ele não nos salva e não encontramos repouso para confissão que o nosso Senhor é verdadeiro em todas as suas obras, em seus julgamentos, em sua justiça, e as suas justiças não são respeitadas pelas pessoas. ⁹E nos afastamos de sua face por causa de nossas obras e todos os nossos pecados são contados pela justiça". ¹⁰Agora eles dirão para eles próprios: "As nossas almas estão plenas de ganho iníquo, mas eles não nos impedirão de descer até o tormento do Sheol". ¹¹E depois disso, os seus rostos se encherão com

---

[119] Nesta frase, a maioria dos acadêmicos usou a forma verbal no passado, mas faz mais sentido o futuro, como Black usa.

trevas e vergonha diante do Filho do Homem, serão afastados da sua presença e a espada permanecerá diante do rosto deles. [12]Assim falou o Senhor dos Espíritos: "Este é o decreto e o julgamento sobre os poderosos, reis, exaltados e os que possuem a terra diante do Senhor dos Espíritos".

Capítulo 64

[1]E vi outras formas[120] escondidas no lugar. [2]Ouvi a voz do anjo dizendo: "Estes são os anjos que desceram dos céus à terra e revelaram o que estava oculto aos filhos dos homens e os desviaram, para que cometessem pecado".

Capítulo 65

[1]E naqueles dias Noé viu que a terra afundava e que a sua destruição estava próxima. [2]E ele saiu dali e foi até as extremidades da terra e gritou para o seu avô[121] Enoque: e Noé disse três vezes com voz amarga: "Ouve-me, ouve-me, ouve-me". [3]E disse: "Diga-me o que está acontecendo na terra, já que a terra está tremendo muito e em condição ruim, para que eu não morra com isso!" [4]E logo após disso, houve um grande tremor sobre a terra e uma voz foi ouvida no céu e eu caí sobre meu rosto. [5]E Enoque, meu avô, veio, se aproximou e me disse: "Por que você me chamou com uma voz amarga e chorando? [6]Uma ordem saiu da presença do Senhor sobre os que vivem sobre a terra e a ruína deles chegou porque conheceram os segredos dos anjos e toda a violência dos satãs e todos os poderes deles - os mais secretos - e todo o poder dos que praticam feitiçaria, o poder da bruxaria, o poder dos que constroem imagens derretidas para a terra inteira: [7]e também como a prata é produzida do pó da terra e como o metal mole se origina da terra. [8]Pois o chumbo e o estanho não são produzidos na terra como o primeiro: é uma fonte [9]que os produz e um anjo toma conta dela e o anjo é preeminente". E depois disso, meu avô Enoque me pegou pela mão e me levantou e disse: "Vá, porque [10]perguntei ao Senhor dos Espíritos sobre o tremor da terra. E ele me disse: "Por causa da iniquidade deles, o

---

[120] Black traduz como presenças.
[121] Trisavô, na realidade.

julgamento deles foi determinado e não deixará de ser realizado. Por causa das feitiçarias que procuraram e aprenderam, a terra e os que ¹¹vivem nela serão destruídos". E não terão chance de arrependimento, porque revelaram o que estava oculto e são danados: mas com relação a você, meu filho, o Senhor dos Espíritos sabe que é puro e sem culpa sobre os segredos. ¹²E ele destinou o seu nome para ficar entre os dos santos e o preservará dentre os que vivem sobre a terra e destinou a sua semente justa para descendência e grandes honras e da sua semente procederá eternamente um número enorme de justos e santos.

Capítulo 66

¹E depois disso, ele me mostrou os anjos de punição que estão preparados para vir e liberar todas as águas que estão abaixo na terra, a fim de trazer julgamento e destruição sobre todos os que vivem sobre a terra. ²E o Senhor dos Espíritos deu ordem aos anjos que estavam avançando para que não fizessem que as águas subissem, mas as contivessem; pois aqueles anjos controlavam as águas. ³E me afastei da presença de Enoque.

Capítulo 67

¹E naqueles dias, a palavra de Deus chegou até mim e ele disse para mim: "Noé, os seus atos chegaram até mim, atos sem culpa, atos de amor e justiça. ²E agora os anjos estão construindo uma (construção de) madeira e quando tiverem completado essa tarefa, eu colocarei a minha mão sobre ela, a preservarei e dela sairá a semente da vida e uma transformação será feita para que a terra não permaneça sem habitantes. ³E farei com que a sua semente gere descendentes eternamente e espalharei os que vivem com você: não viverão sem descendentes sobre a terra, mas serão benditos e se multiplicarão sobre a terra em nome do Senhor". ⁴E ele aprisionará aqueles anjos que mostraram iniquidade naquele vale ardente onde meu avô[122] Enoque tinha anteriormente mostrado para mim a oeste, entre as montanhas de ouro, prata, ferro e metal macio e estanho. ⁵E vi aquele vale onde houve uma grande convulsão e uma agitação de águas. ⁶E quando tudo isso ocorreu, a partir

---

[122] Bisavô.

daquele metal fundido e da convulsão naquele lugar, foi produzido um odor de enxofre, associado àquelas águas e àquele vale de anjos que tinham desviado a humanidade, queimando sob aquela terra. ⁷E através de seus vales corriam rios de fogo, onde esses anjos que desviaram os que vivem sobre a terra são punidos. ⁸Mas naqueles dias, aquelas águas servirão para os reis, poderosos, exaltados e os que vivem sobre a terra, como um remédio para o corpo, mas também para a punição do espírito; já que o espírito deles está cheio de luxúria, então que eles sejam punidos no corpo, pois negaram o Senhor dos Espíritos e verão a punição diariamente e mesmo assim não acreditarão em seu nome. ⁹E o corpo deles queimará em proporção ao preço que pagarão espiritualmente eternamente; já que diante do Senhor dos Espíritos ninguém profere uma palavra mentirosa. ¹⁰Pois o julgamento virá sobre eles, porque acreditam na luxúria do corpo e negam o Espírito do Senhor. ¹¹E aquelas mesmas águas passarão por uma transformação naqueles dias; pois quando aqueles anjos forem punidos nessas águas, essas fontes de água mudarão a temperatura delas e quando os anjos ascenderem, essas águas das fontes mudarão e ficarão frias. ¹²E ouvi Miguel dizer: "Este julgamento que os anjos terão é um testemunho para os reis e os poderosos que possuem a terra". ¹³Como essas águas do julgamento ministram a cura do corpo dos reis e a luxúria do corpo deles; eles não verão nem acreditarão que essas águas mudarão e se tornarão um fogo que queima eternamente.

Capítulo 68

¹E depois disso, meu avô Enoque[123] me deu o ensinamento de todos os segredos do livro nas parábolas, que tinha sido dado a ele e as reuniu para mim as palavras do livro das parábolas. ²E naquele dia, Miguel disse para Rafael: "A força do espírito me arrebata e me faz tremer por causa da seriedade do julgamento relativo aos segredos, o julgamento dos anjos: quem pode suportar o julgamento grave que foi executado diante do qual eles se derretem?" ³E Miguel disse para Rafael: "Quem é ele cujo coração não é amaciado por isso, cujas rédeas não são afetadas por essa palavra de julgamento (que) foi estabelecida sobre eles por causa dos que os desviaram do caminho?" ⁴E quando ele ficou diante do Senhor dos Espíritos, Miguel disse para Rafael: "Eu não ficarei do lado deles sob o

---

[123] Black aqui traduz como o anjo Miguel, mas é o único.

olho do Senhor; pois o Senhor dos Espíritos está zangado com eles porque agiram como se fossem o Senhor. ⁵Portanto, que caia o julgamento relativo aos segredos sobre eles eternamente; pois nem um anjo nem um homem ficará do lado deles, mas sozinhos terão o julgamento eterno deles.

Capítulo 69

¹E assim este julgamento os deixará aterrorizados e tremerão porque revelaram segredos para os que vivem sobre a terra. ²E veja os nomes daqueles anjos[124]: o primeiro deles é Samyaza, o segundo Artaquifa, o terceiro Armen, o quarto Kocabiel, o quinto Turael, o sexto Ramiel, o sétimo Danel, o oitvado Nequael, o novo Baraquial, o décimo Asael, o décimo-primeiro Armaros, o décimo-segundo Batarel, o décimo-terceiro Busaseial, o décimo-quarto Ananel, o décimo-quinto Turel, o décimo-sexto Samsapeel, o décimo-sétimo Jetrel, o décimo-oitavo Tumeel, o décimo-nono Turel, o vigésimo Rumael, o vigésimo-primeiro Azazel. ³E estes são os chefes dos anjos e seus nomes e os seus chefes sobre grupos de 100, sobre grupos de 50 e sobre grupos de 10. ⁴O nome do primeiro era Jequon: isto é, o que desviou os filhos de Deus e trouxe-os para a terra e os desviou através das filhas de homens. ⁵E o segundo era chamado Asbeel: ele deu para os filhos santos de Deus conselhos maus e os desviou de forma que eles contaminaram os seus corpos com as filhas dos homens. ⁶E o terceiro era chamado Gadreel: foi ele que ensinou aos filhos dos homens todos os golpes mortais e desviou Eva e revelou as armas mortais, o escudo, a cota de malha, a espada para batalha e todas as armas mortais aos filhos dos homens. ⁷E através de sua mão eles se dirigiram contra os que vivem sobre a terra a partir daquele dia. ⁸E o quarto era chamado Penemue: ele ensinou aos filhos dos homens o amargo e o doce, ele os ensinou todos os segredos de sua sabedoria. ⁹E ele instruiu a humanidade para escrever com tinta e com papel e muitos pecaram da eternidade até a eternidade e até este dia. ¹⁰Pois os homens não foram criados para este propósito, para dar confirmação à sua boa fé com caneta e tinta. ¹¹Pois os homens foram criados como os anjos, com a intenção de continuar puros e corretos e a morte, que destrói tudo, não era para eles, mas através do conhecimento, eles estão morrendo e através deste poder estão sendo consumidos. ¹²E o quinto era chamado Kasdeia: este é o que revelou aos filhos dos homens todas as conjurações malignas de espíritos e demônios e as configurações do embrião no

---

[124] Veja as variações dos nomes dos anjos na nota do capítulo 6.

ventre, para que ele morra, e as conjurações da alma, as picadas da serpente e as conjurações que caem através do calor do meio-dia, o filho da serpente chamado Tabaet. ¹³E essa é a tarefa de Kasbeel, o chefe do juramento que ele revelou para os santos quando ele vivia no alto em glória e o seu nome é Biqa. ¹⁴Esse (anjo) pediu a Miguel para revelá-lo o nome oculto, que ele poderia enunciá-lo no juramento, para que aqueles que revelaram todos os segredos para os filhos dos homens pudessem tremer diante daquele nome e juramento. ¹⁵E este é o poder deste juramento, que é poderoso e forte, e ele colocou este juramento, Akae, nas mãos de Miguel. ¹⁶E esses são os segredos deste juramento: através de seu julgamento, e o céu foi suspenso e fortificado antes que o mundo fosse criado. ¹⁷E através dele, a terra foi estabelecida sobre a água e os recessos secretos das montanhas, de onde saem águas bonitas, desde a criação do mundo até a eternidade. ¹⁸E através desse juramento, o mar foi criado, e como a sua fundação ele colocou a areia contra o tempo de (sua) fúria, para que não ouse passar além dos seus limites até a eternidade. ¹⁹E através desse juramento, os abismos são criados, e permanecem, sem se mover do lugar deles, eternamente. ²⁰E através desse juramento, o sol e a lua seguem o seu curso e não desviam da ordem deles por toda a eternidade. ²¹E através desse juramento, as estrelas seguem o seu curso, e ele as chama por seus nomes e respondem pela eternidade. ²²E de maneira semelhante, os espíritos da água, dos ventos, todos os zéfiros, e os caminhos de todos os locais dos ventos. ²³E ali estão preservadas as vozes do trovão e a luz dos raios: e estão preservadas as câmeras de granizo, as câmeras de geada, as câmeras da névoa, as câmeras da chuva e do orvalho. ²⁴E todos esses acreditam e dão graças ao Senhor dos Espíritos e o glorificam com toda a sua força e o seu alimento está em todo ato de ação de graças: eles agradecem e glorificam e exaltam o nome do Senhor dos Espíritos eternamente. ²⁵E esse juramento é poderoso sobre eles e através dele eles são preservados e os seus caminhos são preservados e o curso deles não são destruídos. ²⁶E houve muita alegria entre eles e eles abençoaram, glorificaram e exaltaram porque o nome daquele Filho do Homem tinha sido revelado a eles. ²⁷E ele sentou no trono de sua glória e a soma do julgamento foi dada para o Filho do Homem e ele fez com que os pecadores morram e sejam destruídos da face da terra aqueles que desviaram o mundo. ²⁸Com correntes serão acorrentados e em sua assembleia para destruição serão aprisionados e todas as suas obras desaparecerão da face da terra. ²⁹E daqui em diante, não haverá nada corruptível; pois aquele Filho do Homem apareceu e sentou-se sobre o trono de sua glória e todo o mau será dissipado diante de seu rosto e a palavra daquele Filho de Homem avançará e será forte diante do Senhor dos Espíritos. Essa é a terceira parábola de Enoque.

Capítulo 70

¹E depois disso, ocorreu que ele foi elevado durante a vida até o Filho do Homem e ao Senhor dos Espíritos, dentre os que vivem sobre a terra. ²E ele foi levado na carruagem do espírito e desapareceu dentre eles. ³E a partir daquele dia, não foi mais encontrado entre eles: e ele se estabeleceu entre as duas regiões, entre o Norte e Oeste, onde os anjos pegaram as fitas para medir o lugar para os escolhidos e justos. ⁴E lá vi os primeiros pais e os justos que existem desde o princípio naquele lugar.

Capítulo 71

¹E ocorreu que depois disso, meu espírito foi transportado e subiu até os céus: e vi os santos filhos de Deus. Eles estavam caminhando sobre as chamas de fogo: As vestes deles eram brancas, e o vestuário e as faces deles brilharam como a neve. ²E vi dois fluxos de fogo e a luz desse fogo brilhava como jacinto e caí sobre minha face diante do Senhor dos Espíritos. ³E o anjo Miguel, um dos arcanjos, me segurou pela mão direita e me levantou e me levou para mostrar todos os segredos e me mostrou todos os segredos da piedade e da justiça. ⁴E me mostrou todos os segredos das extremidades do céu e todas as câmeras de todas as estrelas e todas as luminárias, de onde elas procedem diante da face dos santos. ⁵E ele me transportou, Enoque, para o céu dos céus e lá vi o que parecia ser uma estrutura construída de cristais e entre esses cristais havia línguas de fogo vivo. ⁶E meu espírito viu um cercado que engloba aquela casa de fogo e em seus quatro lados havia fluxos cheios de fogo vivo que englobam a casa. ⁷E ao redor estavam serafins, querubins e ofanins: E estes são os que não dormem e guardam o trono de sua glória. ⁸E vi anjos que não podiam ser contados, mil milhares e dez mil vezes dez mil, rodeando aquela casa. ⁹E Miguel, Rafael, Gabriel, Fanuel e os santos anjos que estão no alto dos céus, entram e saem daquela casa. E saíram daquela casa Miguel e Gabriel, Rafael e Fanuel e muitos outros anjos santos sem número. ¹⁰E com eles o Ancião dos Dias, a sua cabeça era branca e pura como linho e as suas vestimentas indescritíveis. ¹¹E caí sobre meu rosto e o meu corpo inteiro ficou enfraquecido e meu espírito transfigurado; e gritei com uma voz alta, com o espírito de força, com palavras de bênção,

glória e exaltação. ¹²E essas bendições que saíam da minha boca eram agradáveis diante do Ancião dos Dias. ¹³E aquele Ancião dos Dias veio com Miguel, Gabriel, Rafael e Fanuel, milhares e dez milhares de anjos incontáveis.[125] ¹⁴E ele (o anjo) veio até mim e me saudou com a sua voz e disse: "Este é o Filho do Homem, que nasceu na justiça e a justiça habita sobre ele e a justiça do Ancião dos Dias não o abandona". ¹⁵E ele me disse: "ele proclama paz para você em nome do mundo que há de vir, pois dele veio a paz desde a criação do mundo e assim será para você eternamente. ¹⁶E todos andarão em seus caminhos, já que a justiça nunca o abandona: Com ele será a morada deles, com ele a herança deles e eles não serão separados dele pela eternidade. ¹⁷E então os dias serão completos com aquele Filho do Homem e os justos terão paz em um caminho correto em nome do Senhor dos Espíritos eternamente".

---

[125] Passagem perdida, onde o Filho do Homem foi descrito como acompanhando o Ancião dos Dias e Enoque perguntou a um dos anjos (como em 46:3) com relação ao Filho do Homem, quem era ele.

Parte 3

Livro Astronômico[126]

Capítulo 72

¹Livro sobre o curso das luminárias do céu, sobre cada uma, conforme as suas classes, seu o ascendente, tempo, nomes, locais de origem e meses, que Uriel, o anjo santo, que estava comigo, que é o guia delas, me mostrou; e me mostrou todas as leis delas exatamente como são, e com relação aos anos do mundo e à eternidade, até que a nova criação seja realizada que durará para sempre.

²E esta é a primeira lei das luminárias: o Sol nasce nos portais orientais do céu e se põe nos portais ocidentais do céu. ³E vi seis portais nos quais o sol nasce e seis portais nos quais o sol se põe e a lua nasce e se põe nesses portais, assim como os líderes das estrelas e os que elas lideram: seis no leste e seis no oeste e todos sequencialmente: também há muitas janelas à direita e à esquerda desses portais. ⁴E primeiramente nasce a grande luminária, chamada Sol, e a sua circunferência é como a circunferência do céu e ele está bem cheio de fogo para gerar calor e luz. ⁵E o vento conduz a carruagem em que ele nasce, e o sol desce do céu e vai para o norte a fim de alcançar o leste e é guiado para que chegue no portal apropriado e brilhe no céu. ⁶Dessa forma, ele sobe no primeiro

---

[126] Conforme explica Otto Neugebauer, há muito tempo, reconhece-se que os capítulos desta seção (o livro astronômico) foram compostos por alguém que não teve contato, necessariamente, com as outras partes do Livro de Enoque. Os capítulos representam crenças astronômicas da época.

mês no grande portal, que é o quarto desses seis portais no leste. ⁷E neste quarto portal a partir do qual o sol sobe no primeiro mês, há doze janelas, das quais saem chamas quando ela são abertas no tempo delas. ⁸Quando o sol nasce no céu, ele sobe através do quarto portal por trinta dias sucessivamente e se põe com precisão no quarto portal no ocidente do céu. ⁹E durante este período o dia fica mais longo e a noite mais curta ao longo dos trinta dias. ¹⁰Nesse dia, o dia é mais longo do que a noite por duas partes[127] e a quantidade do dia é exatamente igual a dez partes e a noite a oito partes. ¹¹E o sol sobe daquele quarto portal e se põe no quarto e volta para o quinto portal do leste por trinta dias e sobe e se põe no quinto portal. ¹²E então o dia fica mais longo por duas partes e o dia passa a ter onze partes e a noite fica mais curta e totaliza sete partes. ¹³E ele (o sol) volta para o leste e entra no sexto portal, e sobe e se põe no sexto portal por trinta e um dias de acordo com o seu signo. ¹⁴Nesse dia, o dia fica mais longo do que a noite, ficando com o dobro do tamanho da noite, com doze partes, e a noite é reduzida e fica com seis partes. ¹⁵Então o sol passa a nascer para encurtar o dia e alongar a noite e sol volta para leste e entra no sexto portal e sobe por ele e se põe por trinta dias. ¹⁶E quando os trinta dias se completam, o dia diminui em exatamente uma parte e passa a ter onze partes e a noite sete. ¹⁷E o sol sobe daquele sexto portal no oeste para leste e levanta no quinto portal por trinta dias e se põe no oeste de novo no quinto portal do oeste. ¹⁸Nesse dia, o dia diminui uma parte e passa a ter dez partes e a noite oito partes. ¹⁹E o sol vai do quinto portal e se põe no quinto portal do oeste e sobe no quarto portal por trinta e um dias por causa de seu signo e se põe no oeste. ²⁰Nesse dia, o dia fica com o mesmo tamanho da noite, cada um com nove partes. ²¹E o sol sobe daquele portal e se põe no oeste e volta para o leste e sobe trinta dias no terceiro portal e se põe no oeste no terceiro portal. ²²E nesse dia, a noite se torna maior do que o dia, aumentando a noite e encurtando o dia, até o trigésimo dia e a noite totaliza exatamente dez partes e o dia oito partes. ²³E o sol sobe daquele terceiro portal e se põe no terceiro portal no oeste e volta para o leste e por trinta dias sobe no segundo portal no leste e da mesma forma se põe no segundo portal no oeste do céu. ²⁴E naquele dia, a noite totaliza onze partes e o dia sete partes. ²⁵E o sol naquele dia sobe do segundo portal e se põe no oeste no segundo portal e volta para o leste

---

[127] Aqui segui a tradução original de Charles. As traduções divergem em relação a quanto o dia é mais longo que a noite, por exemplo, Black e Piñero usam 2/9. O valor deve ser duas partes para fazer sentido, como se percebe pelo resto do capítulo.

do primeiro portal por trinta e um dias e se põe no primeiro portal no oeste do céu. ²⁶E nesse dia, a noite fica mais longa e totaliza o dobro do dia: e a noite totaliza exatamente doze partes e o dia seis. ²⁷E tendo o sol concluído esses cursos ele volta novamente para as divisões de sua órbita e entra naquele portal por trinta dias e se põe também no oeste no lado oposto. ²⁸E nessa noite, a noite diminui em tamanho por uma nona parte, isto é, por uma parte, e a noite ficou com onze partes e o dia sete partes. ²⁹E o sol voltou e entrou no segundo portal no leste e volta para as suas divisões de sua órbita por trinta dias, surgindo e se pondo. ³⁰E nesse dia, a noite diminui em tamanho e a noite totaliza dez partes e o dia oito. ³¹E nesse dia, o sol sobe daquele portal e se põe no oeste e volta para o leste e sobe por trinta e um dias no terceiro portal e se põe no oeste do céu. ³²Nesse dia, a noite diminui e totaliza nove partes e o dia nove partes e a noite fica igual ao dia em tamanho e o ano tem exatamente trezentos e sessenta e quatro dias. ³³E a duração do dia e da noite e de sua brevidade são determinados pelo curso do sol. ³⁴Porque no seu curso, o dia e a noite mudam de tamanho, ficando mais longo ou curto. ³⁵E esta é a lei e o curso do sol, sobre o seu retorno, já que ele retorna sessenta vezes e sobre sua ascensão. Esta é a grande luminária que é chamada de sol pela eternidade. ³⁶E o que sobe é a grande luminária e é chamada conforme a sua aparência, de acordo como o Senhor comandou. ³⁷Como ele nasce, ele se põe e não diminui, e não repousa, mas percorre dia e noite. E a sua luz é sete vezes mais brilhante do que a da lua; mas em relação ao tamanho, são iguais.

Capítulo 73

¹E depois dessa lei, vi outra lei sobre a luminária menor, que é chamada de lua. ²E a sua circunferência é como a do céu e a carruagem dela em que ela se desloca é conduzida pelo vento e a luz é dada a ela de acordo com uma medida¹²⁸. ³E o seu nascer e seu pôr mudam todos os meses: e os dias dela são como os dias do sol e quando a luz dela está uniforme (i.e. cheia) sua luz é a sétima parte da luz do sol. ⁴E então ela nasce¹²⁹. E a sua primeira fase no leste avança no trigésimo dia: e nesse dia, ela fica

---

[128] Aqui se vê a curiosa informação correta de que a lua recebe a luz.
[129] A tradução de Black deste versículo é bem diferente, estou seguindo a de Charles, mais parecida com a de Piñero e com as outras traduções, até o fim do capítulo.

visível e constitui para você a primeira fase da lua no trigésimo dia junto com o sol no portal onde o sol nasce. ⁵E a metade dela se projeta pela sétima parte e a circunferência inteira dela fica vazia, sem luz, com a exceção de uma sétima parte dela e a décima-quarta parte da metade da luz dela. ⁶E quando ela recebe uma sétima-parte da metade da luz dela, a luz dela totaliza uma sétima parte e a metade dela. ⁷E ela se põe com o sol e quando o sol nasce, a lua nasce com ele e recebe a metade de uma parte da luz e naquela noite, no início da manhã [no início do dia lunar] a lua se põe com o sol e fica invisível naquela noite com todas as catorze partes e a metade de uma delas. ⁸E ela nasce nesse dia com uma sétima-parte e avança e retrocede ao nascer do sol e nos dias restantes dela, ela fica brilhante nas treze partes (restantes).

Capítulo 74

¹E eu vi outro curso e lei para ela (a lua) e como que, de acordo com essa lei, ela faz a sua revolução mensal. ²E tudo isso, Uriel, o santo anjo que é o líder de todos os anjos, me mostrou. E anotei as posições delas conforme ele as mostrava para mim e anotei os meses delas, conforme eram e a aparência das luzes dela até que quinze dias fossem passados. ³Após sete partes, ela atinge toda a luz dela (lua cheia) no leste e após sete partes atinge toda a escuridão no oeste. ⁴E em certos meses, ela altera como se põe e em certos meses continua o próprio curso peculiar dela. ⁵Em dois meses, a lua se põe com o sol: naqueles dois portais do meio, no terceiro e quarto. ⁶Ela avança por sete dias e vira e volta novamente pelo portal onde o sol nasce e atinge toda a sua luz: e ela retrocede do sol e em oito dias entra no sexto portal pelo qual o sol avança. ⁷E quando o sol avança pelo quarto portal, ela avança sete dias, até que ela avance pelo quinto e volte de novo em sete dias para o quarto portal e atinja toda a luz dela: e ela retrocede e entra no primeiro portal em oito dias. ⁸E ela volta de novo em sete dias para o quarto portal do qual o sol avança. ⁹Assim, eu vi a posição deles -como a lua nasceu e o sol se pôs naqueles dias[130]. ¹⁰E se cinco anos forem adicionados, o sol tem um excesso de trinta dias e todos os dias que fazem parte de cada um desses cinco anos, quando estão

---

[130] Estes versículos são confusos. A tradução de Black deste versículo e de alguns outros é bem diferente. Usei as de Charles e Piñero. O acadêmico e tradutor Otto Neugebauer diz sobre eles: "Parece não ser possível tentar dar uma tradução precisa sobre o confuso texto que alguns escribas produziram com base em algumas relações aritméticas triviais".

completos, totalizam 364 dias. ¹¹E o excesso do sol e das estrelas totaliza a seis dias: em 5 anos 6 dias todos os anos chegam a 30 dias: e a lua fica atrás do sol e as estrelas no número de 30 dias. ¹²E o sol e as estrelas fazem todos os anos exatamente, de forma que não avançam nem atrasam a posição deles por um único dia por toda a eternidade, mas completam os anos com justiça perfeita em 364 dias. ¹³Em 3 anos há 1.092 dias e em 5 anos 1.820 dias, então em 8 anos há 2.912 dias. ¹⁴Para a lua, a quantidade de dias em 3 anos é 1.062 dias e em 5 anos ela perde 50 dias. ¹⁵Em 5 anos há 1.770 dias então para a lua os dias em 8 anos são de 2.832 dias. ¹⁶Pois em 8 anos, ela perde a quantidade de 80 dias, todos os dias perdidos em 8 anos são 80. ¹⁷E o ano é precisamente concluído em conformidade com as estações do mundo e as estações do sol, que sobe dos portais pelos quais ele (o sol) nasce e se põe por 30 dias.

Capítulo 75

¹E os líderes dos milhares, que estão estabelecidos sobre toda a criação e sobre todas as estrelas se ocupam também dos quatro dias adicionais[131], sendo inseparáveis de seu ofício, de acordo com a contagem do ano e estes e estes cumprem o seu serviço nos quatro dias que não são contados no ano. ²É devido a eles que os homens erram, porque essas luminárias cumprem o seu serviço sobre a estações do mundo, uma no primeiro portal, uma no terceiro portal do céu, uma no quarto portal e uma no sexto portal e a exatidão do ano é realizada através de suas estações de 364 separadamente. ³Assim o anjo Uriel me mostrou os signos, os tempos, os anos e os dias que o Senhor da glória estabeleceu eternamente sobre todas as luminárias no céu, no céu e no mundo, para que governem no céu e sejam vistas da terra e sejam lideres pelo dia e pela noite, i.e., o sol, lua e estrelas e todas as criaturas do ministério que percorrem o seu curso em todas as carruagens do céu. ⁴Da mesma forma, Uriel me mostrou doze portas, abertas na circunferência da carruagem do sol no céu, pelas quais os raios do sol passam: e dali o calor é difundido pela terra, quando são abertas nos momentos determinados. ⁵E (há aberturas) para os ventos e o espírito do orvalho (que) quando são abertas, ficam abertas nas extremidades nos céus. ⁶Quanto aos doze portais no céu, nas extremidades da terra, deles saem o sol, lua e estrelas, e todas as obras do

---

[131] Este capítulo (assim como todos em geral desta parte) é traduzido levemente diferentemente em Black, aqui preferi a tradução de Charles.

céu no leste e no oeste. ⁷Há muitas janelas abertas à esquerda e à direita deles e uma janela produz calor em seu momento, correspondente às portas de onde as estrelas saem de acordo com o que ele as comandou e onde elas se põem de forma correspondente ao seu número. ⁸E vi carruagens no céu, correndo no mundo, acima dos portais em que circulam as estrelas que nunca se põem. ⁹E uma dessas é maior do que todas as outras e é esta que faz o seu curso pelo mundo inteiro.

Capítulo 76

¹E nas extremidades da terra, vi doze portais abertos para todas as regiões (do céu), dos quais os ventos saem e sopram sobre a terra. ²Três deles estão abertos (no leste) dos céus e três no oeste e três à direita (sul) do céu e três à esquerda (norte). ³E os três primeiros estão à leste e três estão ao norte e três ao sul e três a oeste. ⁴Através de quatro destes saem ventos de bênçãos e prosperidade e de oito saem ventos que causam dor: quando são enviados, trazem destruição sobre toda a terra e sobre a água nela e a todos que vivem nela e a tudo que está na água e na terra. ⁵E o primeiro vento destes portais, chamado de vento do leste, sai do primeiro portal que está no leste, indo para o sul: dele saem a desolação, a seca, o calor e a destruição. ⁶E através do segundo portal no meio saem forças positivas, como a chuva, a capacidade de gerar frutos, a prosperidade e o orvalho; e através do terceiro portal, que está no norte, vem o frio e as secas. ⁷E depois deles avançam os ventos do sul pelos três portais: pelo primeiro portal deles indo para o leste sai um vento quente. ⁸E através do portal do meio perto dele saem cheiros fragrantes, orvalho, chuva, prosperidade e saúde. ⁹E através do terceiro portal que está no oeste saem orvalho e chuva, gafanhotos e desolação. ¹⁰E após esses, os ventos do norte: do sétimo portal no leste saem orvalho e chuva, gafanhotos e desolação. ¹¹E do portal do meio, saem em direções opostas a saúde e a chuva e o orvalho e a prosperidade; e através do terceiro portal no oeste saem nuvens, geada, neve, chuva, orvalho e gafanhotos. ¹²E depois destes estão os ventos do oeste: através do primeiro portal perto do norte saem orvalho e geada e frio e neve e geada. ¹³E do portal do meio saem orvalho, chuva, prosperidade e bênçãos; e pelo último portal que está no sul saem secas, desolação, incêndios e destruição. ¹⁴E assim mostrei a você os doze portais das quatro regiões do céu e todas as suas leis, pragas e todas as suas virtudes, meu filho Matusalém.

Capítulo 77

¹E a primeira região é chamada leste, porque ela é a primeira: e a segunda, o sul, porque o Altíssimo descenderá ali, ali em um sentido especial ele que é eternamente bendito descerá. ²E a região do oeste é chamada de menor, porque todas as luminárias ali do céu minguam e descem. ³E a quarta região, chamada de norte, é dividida em três partes: a primeira é para a habitação de homens: e a segunda contém mares de água e os abismos, florestas e rios, e a escuridão e trevas; e a terceira parte contém o jardim da justiça. ⁴Eu vi sete montanhas altas, mais altas do que todas as montanhas que estão na terra: e dali sai geada e os dias, estações e anos passam. ⁵Eu vi sete rios na terra maiores do que todos os rios: um deles saindo do oeste derrama as suas águas no Grande Mar[132]. ⁶E dois deles saem do norte para o mar e desaguam as suas águas no Mar Vermelho no leste[133]. ⁷E os quatro restantes saem do norte para desaguar no mar, dois deles no Mar Vermelho e dois no Grande Mar[134] e desaguam ali e alguns dizem: no deserto. ⁸Vi sete grandes ilhas que no mar e na terra: duas na terra e cinco no Grande Mar.

Capítulo 78

¹E os nomes do sol são os seguintes: o primeiro Orjares e o segundo Tomas. ²E a lua tem quatro nomes: o primeiro nome é Asonia, o segundo Ebla, o terceiro Benase e o quarto Erae[135]. ³Essas são as duas grandes luminárias: as suas circunferências são como a circunferência do céu e o tamanho da circunferência das duas é semelhante. ⁴Na circunferência do sol há uma sétima parte de luz que é dada à lua progressivamente até que a sétima parte do sol acabe. ⁵E eles se põem e entram nos portais do oeste e fazem o seu curso pelo norte e saem através dos portais do leste na face do céu. ⁶E quando a lua nasce, a décima-quarta parte da luz é

---

[132] Rio Nilo, segundo alguns acadêmicos.
[133] Rios Tigre e Eufrates, segundo alguns acadêmicos.
[134] Mar Mediterrâneo, de acordo com acadêmicos.
[135] Orjares e Tomas aparecem no Antigo Testamento como nomes do sol. Os quatro nomes da lua representam as quatro fases da lua. Os nomes da lua são desconhecidos. Ebla poderia ser Lebna copiado incorretamente, que aparece em Eclesiástico.

vista no céu: no décimo-quarto dia ela se torna lua cheia. ⁷E quinze partes de luz são transferidas para ela até o décimo-quinto dia (quando) a luz dela é total, de acordo com o signo do ano e ela passa a ter quinze partes e a lua cresce por adição de catorze partes. ⁸E em seu minguar, a lua diminui no primeiro dia para catorze partes da luz dela, no segundo dia para treze partes da luz, no terceiro para doze, no quarto para onze, no quinto para dez, no sexto para nove, no sétimo para oito, no oitavo a sete, no nono a seis, no décimo a cinco, no décimo-primeiro a quatro, no décimo-segundo a três, no décimo-terceiro a dois, no décimo-quarto 9à metade do sétimo e toda a luz restante desaparece inteiramente no décimo-quinto. ⁹E em certos meses, o mês tem vinte e nove dias e uma vez vinte e oito. ¹⁰E Uriel me mostrou outra lei: quando a luz é transferida para a lua e em que lado ela é transferida para ela pelo sol. ¹¹Durante todo o período em que a lua está crescendo em sua luz, ela a está transferindo para ela mesma quando oposta ao sol durante catorze dias [a luz dela é mostrada no céu e quando ela é iluminada completamente, a luz dela é mostrada cheia no céu. ¹²E no primeiro dia, ela é chamada de lua cheia, pois naquele dia a luz aumenta nela. ¹³Ela se torna lua cheia exatamente no dia quando o sol se põe a oeste e ela sobe do leste de noite e a lua brilha a noite inteira até que o sol suba novamente contra ela e a lua seja vista contra o sol. ¹⁴No lado de onde a luz da lua sai, lá novamente ela mingua até que a luz desapareça e todos os dias da lua cheguem a um fim e a circunferência dela fique vazia, sem luz. ¹⁵E por três meses, ela tem trinta dias, no momento dela, e por três meses, vinte e nove dias, totalizando cento e setenta e sete dias no minguar no primeiro período de tempo e no primeiro portal. ¹⁶E no momento dela sair, por três meses têm trinta dias e por três meses tem vinte e nove dias. ¹⁷À noite, ela aparece como um homem por vinte dias e de dia ela aparece como o céu e não há nada mais nela para poupar a luz dela.

Capítulo 79

¹E agora, meu filho[136], eu mostrei a você tudo e a lei de todas as estrelas no céu é realizada. ²E ele me mostrou todas as leis delas em todos os dias e em todas estações de governo e para todo ano e seu movimento e a ordem prescrita a ela todos os meses e todas as semanas: ³e o minguar da

---

[136] Matusalém

lua, que ocorre no sexto portal: neste sexto portal, a luz dela é completa e após isso, começa a minguar: ⁴E o minguar ocorre no primeiro portal em sua estação até que cento e setenta e sete dias sejam passados: calculados em semanas, são vinte e cinco semanas e dois dias. ⁵Ela fica atrás do sol e da ordem das estrelas exatamente cinco dias no curso de um período e quando ⁶esse lugar que você vê foi atravessado. ⁶Este é o cenário de todas as luminárias que Uriel o arcanjo, que é líder delas, me mostrou.

Capítulo 80

¹E naqueles dias, o anjo Uriel me disse: "Veja Enoque, eu mostrei tudo e revelei tudo a você sobre esse sol e essa lua e sobre os líderes das estrelas do céu e todos que giram, suas tarefas, os seus tempos e suas saídas. ²E nos dias dos pecadores, os anos serão encurtados e a semente deles custará a brotar nas terras e campos deles e todas as coisas na terra mudarão e não aparecerão em seu tempo: E a chuva será restrita e o céu a segurará. ³E naqueles tempos, os frutos da terra serão tardios e não crescerão no tempo deles e os frutos das árvores não serão dados em seu tempo. ⁴E a lua alterará a sua ordem e não aparecerá em seu momento. ⁵E naqueles dias, o sol será visto à noite na extremidade da grande carruagem no oeste e brilhará mais do que o normal na ordem da luz[137]. ⁶E muitos chefes de estrelas transgredirão a ordem (prescrita). E alterarão a órbita e tarefas delas e elas não aparecerão nas estações prescritas a elas. ⁷E a ordem completa das estrelas será ocultada dos pecadores e as ideias das pessoas sobre elas será errada e se desviarão de todos os seus caminhos, sim, errarão e as considerarão deuses. ⁸E o mal se multiplicará entre eles e a punição virá sobre eles para destruí-los todos".

Capítulo 81

¹E ele disse para mim: "observe, Enoque, estas tabuletas celestiais[138] e leia

---

[137] Ezra diz que nos últimos dias o sol aparecerá à noite e a lua de dia.
[138] As tabuletas celestes são mencionadas em 4 capítulos do Livro de Enoque: 81, 93,

o que está escrito nelas e conheça tudo". ²E contemplei as tabuletas celestiais e li tudo que estava escrito nelas e entendi tudo e li o livro de todos os atos da humanidade e sobre todos os filhos da carne que viverão sobre a terra nas gerações remotas. ³E, em seguida, bendisse o grande Senhor e Rei da glória eternamente, por ele ter produzido todas as obras do mundo e exaltei o Senhor por causa de sua paciência e o bendisse por causa dos filhos dos homens. ⁴E eu disse: "Bendito seja o homem que morre na justiça e na bondade, sobre quem não há livro de atos iníquos escrito e sobre quem nenhum pecado[139] é encontrado". ⁵E aqueles sete[140] santos me trouxeram e me colocaram sobre a terra diante da porta da minha casa e me disseram: "Conte tudo ao seu filho Matusalém e mostre a todos os seus filhos que nenhuma carne é justa na visão do Senhor, pois ele é o Criador. ⁶Por um ano deixaremos você com o seu filho[141] e dará a ele os seus últimos ensinamentos, podendo deixar o que viu registrado para eles e testemunhar para todos os seus filhos; e no segundo ano, você será retirado do meio deles e levado. ⁷Seja forte em seu coração, pois os bons anunciarão justiça para os bons, os justos se alegrarão com os justos e parabenizarão uns aos outros. ⁸Mas os pecadores morrerão com os pecadores e os apóstatas descerão com os apóstatas. ⁹E os que praticam a justiça morrerão por causa das obras dos homens e serão levados por causa dos atos dos ímpios". ¹⁰E naqueles dias, deixaram de falar comigo, e fui para o meu povo, bendizendo o Senhor do mundo[142].

Capítulo 82

¹Meu filho Matusalém, todas essas coisas eu contei e escrevi para você: revelei tudo e dei a você livros sobre tudo isso: então preserve, meu filho Matusalém, os livros que recebe da mão de seu pai e você pode passá-los

---

103 e 106. Esse é um sinal que quem escreveu esses capítulos finais deve ter sido uma pessoa diferente da quem escreveu os primeiros, que não menciona as tabuletas. A revelação de Enoque nos primeiros capítulos é apenas visual ou verbal, não há leitura.
[139] Black usa pecado. Dillmann e Schodde usam culpa. Charles usa castigo. Piñero usa iniquidade.
[140] São 3 anjos em Dillmann e Schodde. Piñero, Black e Charles usam 7.
[141] Filhos, em Schodde, Dillmann, Piñero e Black. Charles usa no singular. Provavelmente é no singular, porque o texto fala de Matusalém.
[142] Senhor do mundo é a tradução de Charles e Piñero. Senhor dos mundos, em Dillmann, Schodde. Senhor da Eternidade para Black.

às outras gerações do mundo. ²Eu dei sabedoria a você e aos seus filhos e a seus futuros filhos, para que possam transmiti-la aos filhos deles pelas gerações que virão, esta sabedoria superior. ³E os que a entendem não dormirão, mas ouvirão atentamente que podem aprender esta sabedoria e agradará aos que podem tirar dela mais proveito do que de uma boa alimentação. ⁴Benditos sejam todos os justos, benditos sejam os que caminham no caminho da justiça e não pecam como os pecadores, no cálculo de todos os seus dias nos quais o sol atravessa o céu, entrando e saindo dos portais por trinta dias com os líderes de milhares da ordem das estrelas, juntos com os quatro que são intercalados que dividem as quatro partes do ano, que os lideram e entram com eles quatro dias. ⁵Devido a eles, os homens errarão e não os calcularão no cálculo inteiro do ano: sim, os homens errarão e não os reconhecerão precisamente. ⁶Pois eles pertencem ao cálculo do ano e são verdadeiramente registrados eternamente, um no primeiro portal e um no terceiro e um no quarto e um no sexto e o ano é concluído em trezentos e sessenta e quatro dias. ⁷E a sua conta é precisa e o cálculo registrado é exato; pois as luminárias, meses e festivais, e anos e dias, Uriel mostrou e me revelou, a quem o Senhor de toda a criação do mundo sujeitou as legiões do céu. ⁸E ele tem poder sobre a noite e o dia no céu para fazer que a luz ilumine os homens ~sol, lua e estrelas e todas as potências do céu, que giram em seus circuitos. ⁹E estas são as ordens das estrelas, que se põem em seus lugares e nas suas estações e festivais e meses. ¹⁰E estes são os nomes dos que as lideram, que observam que elas entram nos momentos delas, nas ordens delas, em suas estações, em seus meses, em seus períodos de governo e em suas posições. ¹¹Os quatro líderes deles que dividem as quatro partes do ano entram primeiramente; e depois deles, os doze líderes das ordens que dividem os meses; e para os trezentos e sessenta (dias) há líderes sobre milhares que dividem os dias; e para os quatro dias intercalados há os líderes que dividem as quatro partes do ano. ¹²E estes líderes sobre milhares são intercalados entre líder e líder, cada um atrás de uma estação, mas os líderes deles fazem a divisão. ¹³E estes são os nomes dos líderes que dividem as quatro partes do ano que são ordenadas: Milkiel, Helemmelek, Melejal e Narel. ¹⁴E os nomes dos que os lideram: Adnarel e Ijasusael e Elomel ~estes três seguem os líderes das ordens e há um que segue os três líderes das ordens que seguem estes líderes das estações que dividem as quatro partes do ano. ¹⁵No início do ano, Melkejal sobe primeiro e governa, quem é chamado Tamaini e sol e todos os dias de seu domínio enquanto ele governa são noventa e um dias. ¹⁶E estes são os signos dos dias que devem ser vistos na terra nos dias de seu domínio: suor, calor e ausência de vento; e todas as árvores dão fruto e as folhas são produzidas em todas as árvores e a colheita do trigo, das rosas e de todas as flores que florescem no campo, mas as árvores do inverno se tornam debilitadas. [17]E estes são os nomes dos líderes que estão sob eles: Berkael, Zelebsel e outro que é adicionado um líder de um milhar, chamado Hilujaseph: e os dias do domínio deste (líder) estão no fim. [18]O próximo líder depois dele é Helemmelek, também chamado de sol brilhante, e todos os dias de sua luz são noventa e um dias. [19]E estes são os signos de (seus) dias na terra: calor forte e secura e as árvores amadurecem os seus frutos e produzem todos os frutos maduros e prontos e as ovelhas se acasalam e ficam prenhes, e todos os frutos da terra são reunidos e tudo que está nos campos e no lagar: estas coisas ocorrem nos dias de seu domínio. [20]Estes são os nomes e as ordens e os líderes desses chefes de milhares: Gidaijal, Keel e Heel e o nome do chefe de um milhar, que é adicionado a eles, Asfael: e os dias de seu domínio estão no fim.

Parte 4

Livro dos Sonhos

Capítulo 83

¹E agora, meu filho Matusalém, eu vou revelar todas as minhas visões, contando-as para você. ²Eu tive duas visões antes de me esposar e uma foi muito diferente da outra: a primeira foi quando eu estava aprendendo a escrever: a segunda antes de esposar a sua mãe, quando eu tive uma visão terrível. ³E por causa delas, orei ao Senhor. Eu estava na casa de meu avô Malalel, deitado, (quando) vi em uma visão o céu que se colapsava, desabava e caía sobre a terra. ⁴E quando ele caiu na terra, vi a terra sendo engolida em um grande abismo[143] e as montanhas se elevavam[144] e os montes afundavam e árvores altas eram arrancadas do solo e em um redemoinho afundavam no abismo. ⁵E uma palavra chegou à minha boca e levantei (minha voz) para chorar e disse: ⁶"A terra foi destruída". E meu avô Malalel me acordou, já que eu estava deitado perto dele e ele me disse: "Por que você chora assim, meu filho, e por que se lamenta dessa forma?" ⁷E contei para ele a visão inteira que tive e ele me

---

[143] Abismo seria sinônimo de oceano, em alguns casos. A palavra também era usada para profundezas ou fundo do mar. Há outros casos ao longo do texto.
[144] Black traduz que as montanhas se esmagavam sobre montanhas, mas com um ponto de interrogação em seus comentários sobre a passagem. Os textos etíopes dizem que as montanhas sobem. Piñero. Flemming e Dillmann traduzem de forma semelhante a Black. Charles I e II traduziu como montanhas ficaram suspensas sobre montanhas. Eles, aparentemente, se baseiam em passagens bíblicas. Preferi usar se elevavam, pois é o que entendo de ficar sobre outras e com base nos textos etíopes.

disse: "Que coisa terrível você viu, meu filho, e sério é o seu sonho-visão, com relação aos segredos de todos os pecados sobre a terra: ela deve afundar no abismo e ser destruída através de uma grande destruição. [8]E agora, filho, levanta e peça ao Senhor da glória, como você crê, que possa existir um sobrevivente sobre a terra e que ele não destrua toda a terra. [9]Meu filho, do céu tudo isso cairá sobre a terra, e sobre a terra, haverá grande destruição. [10]Após isso, eu levantei e orei e implorei, e anotei a minha oração para as gerações futuras e mostrarei tudo para você, meu filho Matusalém. [11]E então contei que fui levado e vi o céu, o sol nascendo no leste, a lua se pondo no oeste, algumas estrelas, a terra inteira, e tudo conforme ele tinha conhecido no início, e então bendisse o Senhor do julgamento e o exaltei porque ele tinha feito o sol avançar das janelas do leste e ele ascendeu e subiu sobre o céu e se pôs e continuou a percorrer o caminho mostrado para ele.

Capítulo 84

[1]E depois as minhas mãos em justiça e bendisse o Santo e Grande e falei com o ar da minha boca e com a língua de carne, que Deus fez para os filhos da carne dos homens, com a qual eles falam, e ele deu a eles o alento, uma língua e uma boca com a qual podem falar: [2]"Bendito seja o senhor, ó Senhor, Rei, Grande e poderoso em sua grandeza, Senhor de toda a criação do céu, Rei dos reis e Deus do mundo inteiro. E o seu poder e reinado e grandiosidade são eternos e o seu domínio será por todas as gerações; e todos os céus são o seu trono eternamente e a terra é o banco de repouso para os pés eternamente. [3]Pois o Senhor fez e governa todas as coisas e nada é muito difícil para o Senhor. A sabedoria não se afasta do seu trono nem da sua presença. E ele sabe e vê e ouve tudo e nada está oculto dele. [4]E agora os anjos do céu dele são culpados por pecar e sobre a carne dos homens permanece a sua ira até o grande dia do julgamento. [5]Ó Deus e Senhor e Grande Rei, eu imploro para que atenda à minha oração, para que me deixe uma posteridade sobre a terra e não destrua toda a carne dos homens e não deixe a terra sem habitante, para que a destruição não seja eterna. [6]E agora, meu Senhor, destrua da terra a carne que causou a sua ira, mas que a carne da justiça e equidade seja estabelecida como planta de semente eterna. E não oculte a sua face da oração do seu servo, ó Senhor".

Capítulo 85

¹E depois disso, tive outro sonho e vou revelar o sonho inteiro para você, meu filho. ²E Enoque levantou (sua voz) e falou para o seu filho Matusalém: "Contarei a você, meu filho: ouça as minhas palavras, ouça o sonho-visão de seu pai. ³Antes de esposar a sua mãe Edna, eu tive uma visão na minha cama. Vi um boi que saiu da terra e o boi era branco[145] e depois disso saiu uma novilha[146] e (depois) saíram dois bois, um deles preto e o outro vermelho[147]. ⁴E o boi preto atacou o vermelho e o perseguiu sobre a terra e a partir daí eu não pude ver mais o boi vermelho. ⁵Mas o boi preto cresceu e a novilha foi com ele e vi muitos bois que se pareciam com ele saírem dele e o seguiam. ⁶E a vaca, a primeira, saiu da presença do primeiro boi para procurar o boi vermelho, mas não o encontrou e lamentava muito. ⁷E olhei e o primeiro boi se aproximou dela e a acalmou e então a partir daquele ponto ela não chorou mais. ⁸E depois disso, ela deu à luz a outro boi branco e depois dele, ela deu à luz a muitos bois e vacas pretos[148]. ⁹E vi em meu sono que o boi branco cresceu e se tornou um grande boi branco e dele vieram muitos bois brancos e eles se pareciam com o pai. E eles começaram a gerar muitos bois brancos, que pareciam com ele, um depois do outro.

Capítulo 86

¹E novamente, enquanto eu dormia, eu vi com os meus olhos o céu no alto e uma estrela caiu do céu e comeu e pastou entre esses bois. ²E depois disso, vi os bois grandes e pretos e eles tinham todos mudado os seus pastos, seus estábulos e seu gado e começaram a viver uns com os outros. ³E novamente eu vi na visão e olhei para o céu e vi muitas estrelas

---

[145] Adão
[146] Eva
[147] Segundo alguns acadêmicos, a cor preta seria o símbolo do pecado e o vermelho o símbolo do martírio, as cores dos bois não teriam a ver com a cor da pele.
[148] Na tradução de Black, os pretos se referem também a bois, não somente a vacas, como ocorre na tradução de R. H. Charles. O texto "bois e vacas pretos" está no aramaico, mas não em etíope. No etíope, seria pretas, se referindo somente às vacas. A referência para esta passagem parece ser Gen. 5:4. Se Adão e Eva tiveram muitos filhos negros e Adão era branco, como esta passagem diz, pode-se supor que Eva era negra. Isso explicaria os muitos "bois e vacas pretos".

descendo e se lançando do céu na direção da primeira estrela e eles se tornaram bois entre o gado e pastaram com eles. ⁴E olhei para eles e vi e eles deixaram sair os seus membros íntimos, como cavalos, e começaram a cobrir as vacas e elas engravidaram todas e geraram elefantes, camelos e asnos. ⁵E todos os bois os temeram e ficaram com medo deles e os animais começaram a mordê-los com os dentes e a atacá-los com os chifres. ⁶E eles começaram, além disso, a devorar esses bois e todos os filhos da terra começaram a tremer diante deles e a fugir deles.

Capítulo 87

¹E vi novamente como eles começaram a atacar uns aos outros e a se devorar mutuamente e a terra começou a chorar. ²E elevei meus olhos ao céu de novo e vi na visão que saíam do céu seres que eram como homens brancos: quatro saíram daquele lugar e três com eles[149]. ³E aqueles três que saíram por último me pegaram pela mão e me levaram para cima, para longe das gerações da terra e me levaram para um lugar imponente e me mostrou uma torre alta acima da terra e todos os montes eram menores. ⁴E um deles me disse: "Fique aqui até que veja tudo que ocorrerá com esses elefantes, camelos, asnos, estrelas e os bois, enfim todos".

Capítulo 88

¹E vi um dos quatro[150] que tinha saído primeiro e ele pegou a primeira estrela que tinha caído do céu e a amarrou pelos pés e mãos e a lançou em um abismo: aquele abismo era estreito e profundo, horrível e escuro. ²E um deles puxou uma espada e a deu para os elefantes, camelos e asnos: então eles começaram a lutar uns com os outros e a terra inteira tremeu por causa deles. ³E conforme eu contemplava a visão, um dos quatro que tinham saído do céu reuniu e pegou todas as grandes estrelas cujos membros íntimos eram como os dos cavalos e os atou por mãos e pés e

---

[149] Schodde (baseado no etíope) traduz diferentemente: um saiu daquele lugar e três com ele, mas essa tradução é fora do padrão. Os outros traduzem assim.
[150] Já no capítulo 88 v. 1, a tradução é igual em todos:"um dos quatro", ou seja, os quatro anjos mencionados por Charles Piñero, Dillmann e Flemming. Aqui Black traduz assim: "E vi um daqueles que tinha saído primeiro…".

os lançou em um abismo da terra.

Capítulo 89

¹E um desses quatro foi até o boi branco e o instruiu secretamente, conforme ele tremia[151]: ele tinha nascido um boi e tinha se tornado um homem e construiu para ele próprio uma grande embarcação e habitou nela; e três bois habitaram com ele naquela embarcação e fizeram uma cobertura para a embarcação. ²E novamente elevei meus olhos ao céu e vi um telhado imponente, com sete torrentes de água lá e esses torrentes fluíam com muita água para um recinto cercado. ³E vi novamente e fontes foram abertas sobre aquele grande cercado e a água começou a subir sobre a superfície dele e vi o recinto e toda a sua superfície ficou coberta com água. ⁴E a água, a escuridão e a névoa aumentavam e conforme eu olhava para a altura daquela água, ela subia acima da altura do recinto e o submergia e ficava sobre a terra. ⁵E todos os bovinos daquele recinto estavam reunidos e vi como afundaram e foram engolidos e morreram naquela água. ⁶Mas a embarcação flutuava sobre a água, enquanto todos os bois e elefantes e camelos e asnos afundavam com todos os animais, de forma que eu não podia mais vê-los e eles não conseguiram escapar, morrendo e afundando nas profundezas. ⁷E de novo vi na visão como as torrentes de água foram removidas do teto alto e as fendas da terra foram niveladas[152] e outros abismos foram abertos. ⁸Então a água começou a fluir para estes, até que a terra ficasse visível, a embarcação aterrou e a escuridão se retirou e a luz apareceu. ⁹E aquele boi branco que tinha se tornado um homem saiu da embarcação com os três bois. Um dos três era branco como o primeiro, o outro era vermelho como o sangue e o outro era preto: e o boi branco se afastou deles. ¹⁰E eles começaram a trazer animais do campo e aves de forma que diferentes espécies surgiram: leões, tigres, lobos, cães, hienas, javalis, raposas, esquilos, porcos, falcões, abutres, milhafres, águias e corvos e entre eles tinha nascido um boi branco. ¹¹E começaram a se morder mutuamente, mas aquele boi branco que tinha nascido entre eles gerou um asno selvagem e um boi branco e os asnos selvagens se multiplicaram. ¹²E aquele boi que tinha nascido dele gerou um javali

---

[151] A maioria das traduções, Charles, Black, Piñero e Schodde etc. diz "enquanto ele tremia". Algumas dizem "sem que ele tremesse".
[152] As fontes de água secaram, em Black e Schodde.

preto e uma ovelha branca; e o último gerou muitos javalis, mas a ovelha gerou doze ovelhas. [13]E quando aquelas doze ovelhas tinham crescido, deram uma para os asnos e os anos deram aquela ovelha para os lobos e a ovelha cresceu entre os lobos. [14]E o Senhor trouxe as onze ovelhas para viver com ele e pastar com ele entre os lobos: E se multiplicaram e se tornaram muitos rebanhos de ovelhas. [15]E os lobos começaram a temê-los e os lobos os oprimiam até que destruíram os pequenos deles e lançaram os filhos deles em um rio com muita água: e as ovelhas começaram a gritar por causa dos seus filhos e a reclamar para o Senhor. [16]E a ovelha que tinha sido salva pelos lobos fugiu e escapou indo viver com os asnos selvagens; e vi como as ovelhas lamentavam, choravam e imploravam ao Senhor deles com toda a força, até que o Senhor das ovelhas desceu por causa das ovelhas de sua morada imponente e foi até elas e as apascentou. [17]E ele chamou a ovelha que tinha escapado dos lobos e pediu que advertisse os lobos para que não incomodassem mais as ovelhas. [18]E a ovelha foi até os lobos como pediu o Senhor e outra ovelha se encontrou com ela e foram juntos e as duas entraram na assembleia desses lobos e ela falou com eles e os advertiu para que não tocassem mais as ovelhas. [19]E então eu vi os lobos e como eles oprimiam as ovelhas excessivamente com toda a força deles e as ovelhas gritavam. [20]E o Senhor foi até as ovelhas e elas começaram a ferir os lobos: e os lobos começaram a lamentar; mas as ovelhas ficaram quietas e a partir deste momento deixaram e gritar. [21]E vi as ovelhas até que saíram do meio dos lobos; mas os olhos dos lobos estavam cegos e esses lobos saíram para perseguir as ovelhas com toda a força. [22]E o Senhor das ovelhas ficou com elas, como líder delas e todas as ovelhas dele o acompanharam: e o rosto dele estava deslumbrante, glorioso e terrível de se olhar. [23]Mas os lobos começaram a perseguir as ovelhas até que elas chegaram diante de um mar. [24]E aquele mar foi dividido e a água ficou de um lado e do outro diante da face dele e o Senhor os levou e se colocou diante deles e dos lobos. [25]E como os lobos não viam as ovelhas, eles avançaram para o meio do mar e os lobos seguiam as ovelhas e corriam atrás delas para dentro do mar. [26]E quando viram o Senhor das ovelhas, se viraram para fugir de sua face, mas o mar se juntou e se tornou como era antes e as águas cresceram até que afogaram os lobos. [27]E vi todos os lobos que tinham perseguido as ovelhas morrendo afogados. [28]Mas as ovelhas escaparam da água e foram para um deserto, onde não havia água nem vegetação; e eles começaram a abrir os olhos e a ver; e viram o Senhor das ovelhas os apascentando e dando água e grama a eles e aquela ovelha ia e os liderava. [29]E aquela ovelha subiu ao pico de uma rocha imponente e o Senhor das ovelhas a enviou a eles. ³⁰E depois disso, eu vi o Senhor das ovelhas que estava diante deles e a sua aparência era grande e terrível e majestosa, e todas as ovelhas o viram e temiam a sua face. ³¹E todas elas temiam e tremiam por causa dele e choravam pela ovelha que estava entre elas: ³² "Nós não conseguimos ficar de pé diante do nosso Senhor nem contemplá-lo". E aquela ovelha que os conduzia subiu novamente ao pico da rocha, mas as ovelhas começaram a ficar cegas e a se desviar do caminho que ele tinha mostrado a elas, mas a ovelha não sabia disso. ³³E o Senhor das ovelhas se irou contra elas e a ovelha ficou sabendo disso e desceu do pico da rocha e foi até as ovelhas e encontrou a maior parte delas cega e perdida. ³⁴E quando elas viram, temiam e tremiam a sua presença, e desejaram voltar para os seus currais. ³⁵E a ovelha pegou as outras ovelhas com ela e foi até as ovelhas que tinham se perdido e começou a matá-las; e as ovelhas temiam a sua presença e assim a ovelha trouxe de volta as ovelhas que tinham se perdido e elas voltaram aos seus currais. ³⁶E vi nesta visão que a ovelha se tornou um homem e construiu uma casa para o Senhor das ovelhas e colocou todas as ovelhas nessa casa. ³⁷E vi esta ovelha que tinha se encontrado com a ovelha que as conduzia dormir: e vi todas as grandes ovelhas morrerem e pequenas surgiram no lugar delas e foram a um pasto e se aproximaram de um riacho. ³⁸Então aquela ovelha, a líder que tinha se tornado um homem, se retirou ³⁹delas e dormiu e todas as ovelhas a buscaram e choraram sobre ela com grande choro. E vi que eles deixaram de chorar por aquela ovelha e atravessaram o riacho e surgiram duas ovelhas como líderes no lugar daquela que as tinha conduzido e dormido (lit. "Tinha dormido e as conduzido"). ⁴⁰E vi a ovelha ir a um lugar vistoso e uma terra agradável e gloriosa e vi as ovelhas satisfeitas; e aquela casa permanecia entre elas na terra agradável. ⁴¹E às vezes os olhos delas eram abertos e às vezes ficavam cegos, até que outra ovelha surgiu e as conduziu e as trouxe todas de volta e os olhos delas foram abertos. ⁴²E os cães, as raposas e os javalis começaram a devorar essas ovelhas até que o Senhor das ovelhas fez surgir um carneiro entre elas, que as liderou. ⁴³E aquele carneiro começou a atacar em todos os lados os cães, as raposas, e os javalis até que os destruiu todos. ⁴⁴E a ovelha cujos olhos foram abertos viu o carneiro, que estava entre as ovelhas, mas ele negou a sua glória e começou a atacar as ovelhas e as pisoteava e se comportava impropriamente. ⁴⁵E o Senhor das ovelhas enviou o cordeiro para outro cordeiro e o transformou em carneiro e líder das ovelhas em vez do carneiro que tinha negado a sua glória. ⁴⁶E ele foi até ele falou com ele sozinho e o transformou em um carneiro e o fez príncipe e líder das ovelhas; mas durante todas essas coisas os cães oprimiram as ovelhas. ⁴⁷E o primeiro carneiro perseguiu o segundo carneiro e o segundo carneiro fugiu; e vi que os cães arruinavam o primeiro carneiro. ⁴⁸E o segundo carneiro levantou e liderou as ovelhas. ⁴⁹E as ovelhas cresceram e se multiplicaram; mas todos os cães, raposas, javalis temiam e fugiram dele e o carneiro atacou e matou os javalis e os javalis não tinham mais poder diante das ovelhas e não as roubavam mais. E o carneiro gerou muitas ovelhas e dormiu; e uma pequena ovelha se tornou carneiro em seu lugar e se tornou príncipe e líder das ovelhas. ⁵⁰E a casa se tornou grande e ampla e foi construída para as ovelhas: (e) uma torre imponente e grande foi construída na casa para o Senhor das ovelhas e essa casa era baixo, mas a torre era elevada e imponente e o Senhor das ovelhas ficou na torre e eles ofereceram uma mesa cheia diante dele. ⁵¹E novamente vi que as ovelhas erravam novamente e se desviavam por vários caminhos e negavam a casa delas e o Senhor das ovelhas chamou algumas entre as ovelhas e as enviou às outras ovelhas, mas essas ovelhas começaram a matá-las. ⁵²E uma delas não foi morta e salvou-se e chorou pelas ovelhas; e elas procuraram matá-la, mas o Senhor das ovelhas a salvou das ovelhas assassinas e a trouxe para mim e fez com que ela habitasse ali. ⁵³E muitas outras ovelhas que ele enviou para aquelas ovelhas para testemunhar para elas e lamentar sobre elas. ⁵⁴E depois disso, vi que quando eles negaram a casa do Senhor e a sua torre, eles se perderam totalmente e os seus olhos ficaram cegos; e eu vi o Senhor das ovelhas como ele produziu grande mortandade entre eles em seus rebanhos quando as ovelhas realizaram essa mortandade e traíram o seu lugar. ⁵⁵E ele as deu para os leões, tigres, lobos e hienas e às raposas e a todos os animais selvagens, que começaram a despedaçar as ovelhas. ⁵⁶E vi que por terem negado a casa delas e a torre delas ele as deu todas aos leões, para que as despedaçassem, e a todas as bestas selvagens. ⁵⁷E comecei a chorar com toda a minha força e a pedir para o Senhor das ovelhas com relação às ovelhas que eram devoradas por todos os animais selvagens. ⁵⁸Mas ele permaneceu imóvel, apesar de ter visto, e se contentava que eram devoradas, engolidas e roubadas e deixou que fossem devoradas por todos os animais. ⁵⁹E ele chamou setenta pastores e lançou essas ovelhas para eles para que eles as apascentarem e disse aos pastores e seus companheiros: "Que cada um de vocês apascente as ovelhas daqui para frente e faça tudo que eu ordenar. ⁶⁰E eu as entregarei a vocês devidamente numeradas e direi a vocês quais delas devem ser destruídas e vocês as destruirão". ⁶¹E ele deu as ovelhas a eles. E ele chamou outro e falou com ele: "Observe e marque tudo o que os pastores farão com essas ovelhas; pois eles destruirão mais do que eu ordenei. ⁶²E todo excesso e destruição executado pelos pastores, registre quantas são mortas de acordo com a minha ordem e quantas de acordo com o próprio capricho deles: registre para cada pastor individual toda a destruição que ele faz. ⁶³E leia para mim pelo número quantas eles matam e quantas eles entregam à morte, para que eu possa ter isso como um testemunho contra eles, e saber cada ato dos pastores, para que eu possa compreender e ver o que eles fazem, independentemente ou não deles terem agido por ordem minha. ⁶⁴Mas eles não saberão disso e você não dirá a eles nem os advertirá, mas só registrará para cada indivíduo toda destruição que os pastores fazem cada um deles e me informará". ⁶⁵E vi os pastores apascentando na temporada deles e eles começaram a matar e a destruir mais do que eram encarregados e entregavam as ovelhas para leões. ⁶⁶E os leões e tigres comeram e devoraram a maior parte das ovelhas e os javalis as comeram com eles e queimaram a torre e demoliram aquela casa. ⁶⁷E fiquei excessivamente triste pela torre porque a casa das ovelhas foi demolida e depois eu não conseguia ver se aquelas ovelhas entravam na casa. ⁶⁸E os pastores e os seus empregados entregaram as ovelhas para todas as bestas selvagens, para que as devorassem, e cada uma delas recebeu nesta época um número definitivo: estava escrito em um livro quantas cada um destruiu. ⁶⁹E cada um matou e destruiu muito mais do que era prescrito; e comecei a chorar e a lamentar sobre a contagem daquelas ovelhas. ⁷⁰E assim vi na visão a pessoa que anotou cada uma que foi morta por aqueles pastores, dia após dia, e realizou e mostrou o livro inteiro para o Senhor das ovelhas-tudo que eles tinham feito e tudo que cada um deles tinha feito e tudo que eles tinham dado para ser destruído. ⁷¹E o livro foi lido diante do Senhor das ovelhas e ele pegou o livro de sua mão e o leu e o selou e o guardou. ⁷²E a partir dali vi como os pastores apascentavam por doze horas e três daquelas ovelhas voltavam e entravam e começavam a construir tudo que tinha caído daquela casa; mas os javalis tentaram se ocultar deles, mas eles não eram capazes. ⁷³E eles recomeçaram a construir como antes e eles reconstruíram aquela torre e ela foi chamada de torre alta; e recomeçaram a colocar uma mesa diante da torre, mas todo o pão nela estava sujo e impuro. ⁷⁴E como os olhos das ovelhas e os olhos dos pastores estavam cegos de forma que não viam; e as entregaram em grande número aos pastores para destruição e pisotearam as ovelhas e as devoraram. ⁷⁵E o Senhor das ovelhas permaneceu imóvel até que todas as ovelhas tivessem sido dispersas sobre o campo e misturadas com elas (i.e. as bestas) e eles (i.e. os pastores) não as salvaram das bestas. ⁷⁶E este que escreveu o livro o concluiu, o mostrou e o leu diante do Senhor das ovelhas e implorou a ele por eles conforme mostrava a [77]ele todos os atos dos pastores e deu testemunho desfavorável de todos os pastores a ele. E pegou o livro real e o colocou do lado dele e partiu.

Capítulo 90

¹E vi desta maneira trinta e cinco[153] pastores apascentando e completaram o seu tempo como os primeiros; e outros os receberam em suas mãos, para apascentá-los pelo período, cada pastor em seu próprio período. ²E depois disso, vi em minha visão todas as aves do céu vindo, as águias, os abutres, os milhafres, os corvos; mas as águias conduziam todas as aves; e começaram a devorar as ovelhas e a arrancar os seus olhos e a devorar a sua carne. ³E as ovelhas gritaram porque a carne delas estava sendo devorada pelas aves e eu olhei[154] e lamentei em meu sono por causa do pastor que apascentava as ovelhas. ⁴E vi as ovelhas que foram devoradas pelos cães, águias e milhafres e eles não deixaram nem carne nem pele nem nervos, só os ossos: e os ossos caíram também na terra e poucas ovelhas restaram. ⁵E vi que vinte e três tinham feito o pastoreio e concluído cinquenta e oito vezes nos seus períodos. ⁶Mas cordeiros tinham nascido das ovelhas brancas e começaram a abrir os olhos e a ver e a chorar para as ovelhas. ⁷Choraram para elas, mas elas não ouviram o que eles diziam para elas e estavam excessivamente mudas e os olhos delas estavam muito cegos. ⁸E eu vi na visão como os corvos voaram sobre os cordeiros e pegaram um deles e despedaçaram as ovelhas e as devoraram. ⁹E vi chifres crescerem nos cordeiros e os corvos destruíram os chifres e vi que um grande chifre nasceu em uma das ovelhas e os olhos deles foram abertos. ¹⁰E ele olhou para elas e gritou para as ovelhas e os cabritos viram e todos correram para ele. ¹¹E apesar de todas essas águias, abutres, corvos e milhafres permanecerem atacando as ovelhas e voando sobre elas e as devorando, as ovelhas permaneciam em silêncio, mas os cabritos lamentavam e gritavam. ¹²E

---

[153] Alguns manuscritos falam de 36 e outros de 37. Charles I e Dillmann traduziram como 36. Black e Piñero como 35. Flemming usou 37.
[154] Alguns manuscritos aqui possuem "chorei" e não "olhei". Black usa "chorei". Piñero usa "gritei".

os corvos lutaram com ele e tentaram destruir o seu chifre, mas não conseguiram. ¹³E vi que os pastores, águias, abutres e milhafres vieram e disseram aos corvos que deveriam quebrar o chifre daquele cabrito e eles lutaram contra ele e disseram que seria necessária ajuda ¹⁴E vi aquele homem, que escreveu os nomes dos pastores e mostrava ao Senhor das ovelhas [que ajudou e mostrou tudo: ele tinha ido ajudar o cabrito]. ¹⁵E vi o Senhor das ovelhas ir até eles irado e todos que o viram fugiram e fugiram da sombra dele diante do rosto dele. ¹⁶Todas as águias, abutres, corvos e milhafres se reuniram e foram todos com todas as ovelhas e se uniram para quebrar o chifre do cabrito. ¹⁷E vi o homem, que escrevia o livro conforme a vontade do Senhor, que ele abriu, diante do Senhor das ovelhas, o livro sobre a destruição que os últimos doze pastores tinham causado e mostrou que tinham destruído muito mais do que os anteriores. ¹⁸E vi o Senhor das ovelhas ir até eles e pegou com sua mão o bastão de sua ira e bateu na terra e a terra se abriu e todas as bestas e todas as aves do céu caíram entre as ovelhas e foram engolidas na terra e cobertas por ela. ¹⁹E vi que uma grande espada foi dada para as ovelhas e as ovelhas foram contra todas as bestas do campo para matá-las e todas as bestas e as aves do céu fugiram diante delas. ²⁰E vi que um trono foi construído na terra agradável e o Senhor das ovelhas sentou-se ali e o outro pegou os livros selados e abriu os livros diante do Senhor das ovelhas. ²¹E o Senhor chamou os sete primeiros homens brancos e os ordenou que trouxessem diante dele, começando com a primeira estrela que se desviou, todas as estrelas cujos membros íntimos eram como os dos cavalos e eles as trouxeram todas diante dele. ²²E ele disse para o homem que escreveu antes dele, um dos sete, e disse para ele: Pegue os setenta pastores a quem as ovelhas foram entregues e que, por sua própria autoridade, mataram mais que eu ordenei". ²³E todos eles foram amarrados, eu vi, e todos foram levados diante dele. ²⁴E o julgamento primeiramente foi realizado sobre as estrelas e elas foram julgadas e consideradas culpadas e foram para o local da condenação e elas foram lançadas no abismo, cheio de fogo e chamas, e cheio de pilares de fogo. ²⁵E aqueles setenta pastores foram julgados e considerados culpados e eles foram lançados naquele abismo ardente. ²⁶E vi naquele tempo como um abismo parecido foi aberto no meio da terra, cheio de fogo e eles trouxeram as ovelhas cegas e foram todas julgadas e consideradas culpadas e lançadas neste abismo ardente e elas queimaram; este abismo estava à direita daquela casa. ²⁷E vi aquelas ovelhas queimando e os ossos queimando. ²⁸E me levantei para ver que eles desmontaram aquela velha casa; e levaram todos os pilares e todas as vigas e ornamentos da casa foram retirados e a levaram e a colocaram em um lugar ao sul da terra. ²⁹E vi que o Senhor das ovelhas trouxe uma casa nova maior e mais imponente do que a primeira e a construiu no local da primeira que tinha sido removida: todos os seus pilares eram novos e os seus ornamentos eram novos e maiores do que os da primeira, que ele tinha levado, onde todas as ovelhas estavam dentro. ³⁰E vi todas as ovelhas, que tinham sido deixado e todas as bestas da terra e todas as aves do céu, caindo e fazendo homenagem às ovelhas e fazendo petição e as obedecendo em tudo. ³¹E depois disso, os três vestidos de branco que tinham me pegado pela mão [que tinham me levado para cima antes], me levavam para cima, e a mão daquele cabrito também me levava, e me colocaram no meio daquelas ovelhas antes que o julgamento ocorresse. ³²E as ovelhas estavam todas de branco e a lã delas era abundante e limpa. ³³E tudo que tinha sido destruído e sido disperso e todas as bestas do campo e todas as aves do céu, reunidas na casa, e o Senhor das ovelhas se alegraram muito por causa que eram todas boas e tinham voltado para a casa dele. ³⁴E vi que eles tinham deposto a espada que tinha sido dado para as ovelhas e eles a trouxeram de volta para a casa, ela foi selada na presença do Senhor e todas as ovelhas foram convidadas para aquela casa, mas todas não cabiam na casa. ³⁵E os olhos delas foram todos abertos e elas viram o bem e não havia uma entre elas que não via. ³⁶E vi que aquela casa era grande, ampla e estava muito cheia. ³⁷E vi que um boi branco tinha nascido, com grandes chifres e todas as bestas do campo e todas as aves do ar temiam ele e faziam pedidos constantemente para ele. ³⁸E vi que todas as gerações deles foram transformadas e todos se tornaram bois brancos; e o primeiro entre eles se tornou um cordeiro e aquele cordeiro se tornou um animal grande e tinha grandes chifres pretos na cabeça; e o Senhor das ovelhas se alegrou por ele e por todos os bois. ³⁹E dormi no meio deles: e acordei e vi tudo. ⁴⁰Esta é a visão que tive enquanto dormia e acordei e bendisse o Senhor da justiça e o glorifiquei. ⁴¹Então chorei muito e minhas lágrimas caíam em excesso até que não mais aguentei: quando vi, elas fluíam por causa do que eu tinha visto; pois tudo ocorrerá e será realizado e todos os atos dos homens na ordem deles foram mostrados para mim. ⁴²Naquela noite, eu me lembrei do primeiro sonho e por causa dele, eu chorei e estava com problemas porque tinha visto aquela visão.

Parte 5

Epístola de Enoque

Capítulo 91

¹"E agora, meu filho Matusalém, chame todos os seus irmãos e reúna para mim todos os filhos de sua mãe, pois a palavra[155] me chama e o espírito foi derramado sobre mim, para que eu possa revelar a vocês tudo que acontecerá para sempre". ²E então Matusalém foi e convocou para ele todos os seus irmãos e reuniu os seus parentes. ³E ele (Enoque) falou com todos os filhos sobre justiça[156], dizendo: "Ouçam, filhos de Enoque, todas as palavras do seu pai e ouçam a voz da minha boca, pois queridos, eu os exorto e lhes digo: ⁴Amem a justiça e vivam com ela. E não se afastem da justiça com coração falso, nem se associem a uma pessoa falsa, mas vivam na justiça, meus filhos. E ela os guiará pelos caminhos bons e a justiça será sua companhia. ⁵Pois eu sei que a violência[157] aumentará na terra e um grande castigo será executado na terra e toda a iniquidade chegará a um fim: sim, ela será eliminada pela raiz e toda a sua estrutura será destruída. ⁶E a iniquidade novamente será repetida sobre a terra e todos os atos de iniquidade e de violência e transgressão prevalecerão em um grau duplo. ⁷Quando o pecado, a iniquidade, a blasfêmia e a violência em todos os atos aumentarem e a apostasia e a

---

[155] Charles usa "a palavra me chama". Black e Piñero traduzem como "uma voz me chama".
[156][156] Black traduz como "filhos da justiça". Piñero e Charles como "sobre a justiça".
[157] Atos incorretos, para Black. Piñero e Charles traduzem como violência.

transgressão e a impureza aumentarem, um grande castigo virá do céu sobre os pecadores e o santo Senhor virá com ira e castigo para realizar julgamento na terra. ⁸Naqueles dias, a violência será cortada em suas raízes e as raízes da iniquidade com o engano e serão destruídas abaixo do céu. ⁹E todos os ídolos dos pagãos serão abandonados e os templos[158] incendiados. Os pagãos serão removidos de toda a terra e serão lançados no fogo e morrerão em ira em um julgamento eterno horrível. ¹⁰E os justos despertarão do sono e a sabedoria se levantará e será dada a eles. ¹¹E depois disso, as raízes da iniquidade serão cortadas e os pecadores serão destruídos pela espada... serão destruídos os blasfemadores em todos os lugares e os que planejam violência e os que cometem blasfêmia morrerão pela espada. ¹²E depois disso, haverá uma outra, a oitava semana, a da justiça, e uma espada será dada a ela para que faça um julgamento justo sobre os opressores, e os pecadores serão entregues às mãos dos justos. ¹³E no seu término, eles adquirirão casas através da justiça deles e uma casa será construída para o Grande Rei em glória para sempre e toda a humanidade olhará para o caminho da justiça. ¹⁴E depois disso, na nova semana, o julgamento justo será revelado para o mundo inteiro e todos os trabalhos dos ateus desaparecerão da terra, e será anotado que o mundo deve ser destruído. ¹⁵E depois disso, na décima semana, na sétima parte, haverá um grande julgamento eterno, no qual ele executará vingança entre os anjos. ¹⁶E o primeiro céu passará e um novo céu aparecerá e todas as potências dos céus darão sete vezes mais luz. ¹⁷E depois disso, haverá incontáveis semanas para sempre e tudo será em bondade e justiça e o pecado não será mais mencionado eternamente. ¹⁸E agora, eu digo a vocês, meus filhos, e mostro a vocês os caminhos da justiça e os caminhos da violência. Sim, eu os mostrarei a vocês de novo para que vocês possam saber o que ocorrerá. ¹⁹E ouçam-me, meus filhos: andem nos caminhos da justiça e não andem nos caminhos da violência, pois todos os que andam os caminhos da iniquidade morrerão para sempre".

Capítulo 92

¹Livro escrito por Enoque - Enoque escreveu esta doutrina de

---
[158] Torres, em Black, Flemming, Dillmann e Schodde.

sabedoria[159], digna de louvor por todos os homens e sábios de toda a terra para todos os meus filhos que habitarão na terra. E para as gerações futuras que observarão a justiça e paz. ²Não deixem que os seus espíritos sejam perturbados por causa dos tempos, pois o Santo e Grande atribuiu dias a tudo. ³E o justo despertará, levantará e caminhará nos caminhos da justiça e todos os seus caminhos e conversas serão em bondade e graça eternas. ⁴Ele será gracioso com o justo e dará a ele justiça eterna e poder para que tenha bondade e justiça. E para que ande em luz eterna. ⁵Mas o pecado será destruído para sempre em trevas e nunca mais será visto, a partir daquele dia.

Capítulo 93

¹E depois disso, Enoque começou a contar a história dos livros. ²E ele disse: "com relação aos filhos da justiça, aos escolhidos do mundo e à planta da justiça, falarei sobre isso para vocês, meus filhos: o que me foi mostrado na visão celeste e o que aprendi pelas palavras dos santos anjos e das tabuletas celestiais". ³E Enoque começou a contar a história dos livros e disse: "Fui o sétimo a nascer na primeira semana, enquanto o julgamento e a justiça ainda estavam por vir. ⁴E depois de mim, na segunda semana, haverá uma grande maldade e o engano abundará e nela ocorrerá o primeiro fim. E nela, um homem será salvo; e depois dela, a iniquidade crescerá e ele fará uma lei para os pecadores[160]. ⁵E depois disso, na terceira semana, em seu término, um homem será escolhido como a planta da justiça e a sua posteridade se tornará a planta da justiça eterna. ⁶E depois, no final da quarta semana, visões de santos e justos serão tidas e uma lei para todas as gerações e uma corte[161] será feita para eles. ⁷E depois disso, no final da quinta semana, a casa da glória e do domínio serão construídos eternamente. ⁸E depois disso, na sexta semana, todos que vivem ficarão cegos e os corações deles todos abandonarão a sabedoria impiamente. E nela, um homem ascenderá[162]; e no seu final, a casa superior queimará com fogo e o povo escolhido será

---

[159] Aqui Black traduz diferentemente, usei a tradução de Charles e Piñero.
[160] Aqui preferi usar a tradução de Black e Schodde: "e ele fará uma lei para os pecadores".
[161] Aqui segui a tradução de Black. Em outros é cerca.
[162] Elias.

disperso. ⁹E depois disso, na sétima semana, uma geração apóstata surgirá, e muitos serão os seus atos e todos os seus atos serão apóstatas. ¹⁰E no seu final, serão escolhidos os justos como testemunhas da justiça eterna, a quem será dado conhecimento e sabedoria sete vezes sobre a sua criação. ¹¹Pois quem entre todos os filhos dos homens consegue ouvir a voz do Santo sem se perturbar[163]? E quem pode pensar seus pensamentos? E quem está lá que pode contemplar todos os trabalhos do céu? ¹²E quem pode contemplar o céu e entender as coisas do céu e ver uma alma ou espírito e percebê-lo ou ascender e ver todas as extremidades do céu e pensar nelas ou gostar delas[164]? ¹³E quem de todos os homens que poderia saber qual é a largura e a duração da terra a quem foi mostrada a medida de todas elas? ¹⁴Ou há alguém que poderia discernir o tamanho do céu e o quão grande é a sua altura e sobre o que ele é fundado e quão grande é o número de estrelas e onde todas as luminárias repousam?[165]

Capítulo 94

¹E agora digo a vocês, meus filhos, amem a justiça e caminhem nela, pois os caminhos da justiça são dignos de aceitação, mas os caminhos de injustiça serão destruídos repentinamente e desaparecerão. ²E os caminhos de violência e de morte serão revelados para certos homens de uma geração (futura) e eles se afastarão deles e não os seguirão. ³E eu digo a vocês, justos: não caminhem nos caminhos da maldade nem nos caminhos de morte e não se aproximem deles, pois vocês serão destruídos. ⁴Mas procurem e escolham para vocês justiça e uma vida de bondade e caminhem nos caminhos da paz e vocês viverão e prosperarão. ⁵E guardem minhas palavras em seus corações e não deixem que sejam apagadas de seus corações, pois eu sei que os pecadores tentarão os homens para fazer com que a sabedoria seja perdida, para que ela não encontre morada e que as pessoas se deixem enganar pelas tentações. ⁶Desgraça aos que constroem a iniquidade e

---

[163] Sem tremer, em Piñero e Schodde. Black traduz diferentemente.
[164] Este versículo está diferente em algumas traduções, como Black e Schodde.
[165] O capítulo 93 na tradução de Black é muito diferente, apresenta 10 semanas em vez de 7 e são 17 versículos, e não 14, seguidos de um 18º versículo adicional chamado "17b?". Já o 93 de Piñero é seguido por um pequeno 91 e depois vem o 94.

atos injustos e colocam o engano como fundação, pois serão derrubados repentinamente e não terão paz. ⁷Desgraça aos que constroem as suas casas com o pecado, pois eles serão lançados de todas as suas fundações e pela espada morrerão. E os que acumulam ouro e prata morrerão no julgamento repentinamente. ⁸Desgraça a vocês, ricos, pois confiaram em suas riquezas e serão separados de suas riquezas, porque não lembraram do Altíssimo nos dias de suas riquezas. ⁹Cometeram blasfêmia e iniquidade e se prepararam para o dia da mortandade, para o dia das trevas e o dia do grande julgamento. ¹⁰Assim falo e declaro a vocês: ele que os criou os derrubará e para essa queda não haverá compaixão e o Criador se alegrará com a sua ruína. ¹¹E naqueles dias, os justos serão uma repreensão para os pecadores e os ateus.

Capítulo 95

¹Oh, que os meus olhos fossem nuvens de águas para que eu pudesse chorar sobre vocês e derramar as minhas lágrimas como nuvens de águas: para que eu pudesse reduzir minhas preocupações! ²Quem permitiu que vocês praticassem repreensões e maldades? Então o julgamento os atingirá, pecadores. ³Não temam os pecadores, justos, pois mais uma vez o Senhor os entregará às suas mãos, que vocês possam executar o julgamento sobre eles de acordo com os seus desejos. ⁴Desgraça a vocês que fulminaram maldições que não podem ser revertidas: a cura estará, portanto, longe de vocês por causa de seus pecados. ⁵Desgraça a vocês que praticaram o mal para o seu próximo; para vocês, será feito conforme as suas obras. ⁶Desgraça a vocês, testemunhas mentirosas e a vocês que foram injustos, porque morrerão repentinamente. ⁷Desgraça a vocês, pecadores, porque perseguiram os justos, porque vocês serão entregues e perseguidos por causa da injustiça e pesado será o jugo sobre vocês.

Capítulo 96

¹Tenham esperança, justos, porque repentinamente os pecadores morrerão diante de vocês e vocês terão poder sobre eles de acordo com os seus desejos. ²E no dia da tribulação dos pecadores, os seus filhos se

erguerão e se levantarão como águias e os seus ninhos estarão mais altos do que os dos abutres e vocês subirão e descerão às entranhas da terra e entrarão nas fendas da rocha como coelhos[166] diante dos iníquos e como sereias[167] suspirarão diante de vocês e chorarão. ³Assim não temam, vocês que sofreram; pois a cura será a sua recompensa e uma luz brilhante iluminará vocês e a voz do repouso vocês ouvirão do céu. ⁴Desgraça a vocês, pecadores, pois as suas riquezas o farão aparecer como justos, mas os seus corações os condenam como pecadores e este fato testemunhará contra vocês como um monumento dos (seus) atos maus. ⁵Desgraça a vocês que devoram o mais fino do trigo e bebem vinho em grandes copos e pisoteiam os menores com o seu poder. ⁶Desgraça a vocês que bebem água de todas as fontes, pois repentinamente serão consumidos e extinguirão, porque abandonaram a fonte da vida. ⁷Desgraça a vocês que trabalham com iniquidade, engano e blasfêmia: isso será um monumento contra vocês pelo mal. ⁸Desgraça a vocês, poderosos, que com poder oprimem os justos; pois o dia de sua destruição está se aproximando. Naqueles dias, muitos e bons dias virão para os justos - no dia do seu julgamento.

Capítulo 97

¹Acreditem, justos, que os pecadores se tornarão uma vergonha e morrerão no dia da iniquidade. ²Saibam que o Altíssimo está cônscio da destruição dos pecadores e os anjos do céu se alegram com isso. ³O que vocês farão, pecadores, e para onde fugirão no dia do julgamento, quando ouvirem a voz da oração dos justos? ⁴Vocês não serão como eles, contra vocês esta palavra será um testemunho: "Vocês foram companheiros de pecadores". ⁵E naqueles dias, a oração dos justos chegará ao Senhor e para vocês virão os dias do julgamento. ⁶E todas as suas palavras de iniquidade serão lidas diante do Grande Santo e as suas faces ficarão cobertas com vergonha e ele rejeitará todas as obras associadas à iniquidade. ⁷Desgraça a vocês, pecadores, que estão no oceano ou sobre a terra, cuja recordação sua é má. ⁸Desgraça a vocês que acumularam ouro e prata através da iniquidade e dizem: "Nós

---

[166] Black traduz como damões-do-cabo. Esquilos, em Schodde
[167] Sereias, na maioria das traduções. Veja nota do capítulo 19.

enriquecemos e temos posses e compramos tudo o que queremos. ⁹Agora deixe-nos fazer o que planejamos, pois acumulamos riquezas e muitos são os trabalhadores em nossas casas". E nossos celeiros estão cheios, como de água. ¹⁰E como água as suas mentiras serão levadas; pois as suas riquezas não permanecerão, mas rapidamente se separarão de vocês, pois vocês adquiriram tudo através da iniquidade e serão entregues a uma grande maldição.

Capítulo 98

¹E agora eu juro para vocês, sábios e tolos, vocês verão muito sobre a terra[168]. ²Pois vocês, homens, colocarão mais adornos do que uma mulher e mais adornos do que uma virgem: em realeza, grandeza e força, em prata, em ouro e em púrpura e em esplendor e alimentos serão desperdiçados como a água[169]. ³Porque eles (vocês) não têm conhecimento nem sabedoria, mas morrerão com as suas posses e com a sua glória e o seu esplendor e em vergonha e em mortandade e em grande destruição. E os espíritos deles (seus) serão lançados no forno de fogo. ⁴Eu juro[170] a vocês, pecadores, que como a montanha não se fez nem se fará escrava, nem nenhuma colina será criada de mulher, da mesma forma, o pecado não foi enviado sobre a terra, mas o homem o criou e será uma grande maldição para os que o cometerem. ⁵E a esterilidade não foi dada à mulher, mas por conta de seus próprios atos, ela morre sem filhos. ⁶Eu juro a vocês, pecadores, pelo Santo Grande, que todos os seus atos maus são revelados nos céus e que nenhum de seus atos de opressão fica coberto ou escondido. ⁷E não pense em seu espírito nem diga em seu coração que você não sabe e que não vê, pois todo pecado é gravado todos os dias no céu na presença do Altíssimo. ⁸Daqui por diante, saiba que toda a opressão que você exerce é anotada diariamente até o dia de seu julgamento. ⁹Desgraça a vocês, tolos, pois por suas tolices morrerão: e vocês transgridem contra os sábios, então a

---

[168] Vocês experimentarão muito sobre a terra, em Charles. A maioria traduziu como vocês verão muito ou muitas coisas. Black traduz como verão muitas iniquidades.
[169] Aqui a tradução não é uniforme. A minha está um pouco parecida com a de Black, mas diferente da dos outros.
[170] Black, Piñero e Schodde usam juro, no presente, aqui e em outros versículos neste capítulo. Charles usou jurei, no passado.

sua recompensa não será boa. ¹⁰E agora, saibam que o dia da destruição foi preparado para vocês: portanto, não esperem viver, pecadores, mas vocês partirão e morrerão; pois não serão resgatados; pois o grande julgamento foi preparado para vocês, para o dia da tribulação e a grande vergonha para os seus espíritos. ¹¹Desgraça a vocês, obstinados de coração, que trabalham com maldade e comem sangue: De onde vocês tiram as coisas boas para comer, para beber e para se satisfazerem? De todas as coisas boas que o Senhor, o Altíssimo, colocou em abundância na terra, portanto vocês não terão paz. ¹²Desgraça a vocês que amam os atos de iniquidade: vocês esperam por uma boa recompensa? Saibam que vocês serão entregues às mãos dos justos e eles cortarão os seus pescoços e os matarão sem piedade. ¹³Desgraça a vocês que se alegram com o sofrimento dos justos; porque nenhum túmulo será cavado para vocês. ¹⁴Desgraça a vocês que rejeitaram as palavras dos justos; porque vocês não terão esperança de vida. ¹⁵Desgraça a vocês que escrevem mentiras e palavras iníquas; porque espalham mentiras entre os homens e os levam a agir com iniquidade com o seu próximo. ¹⁶Portanto não terão paz, mas morrerão repentinamente.

Capítulo 99

¹Desgraça a vocês que trabalham com iniquidade, glorificam e exaltam as mentiras: vocês morrerão e não terão vida feliz. ²Desgraça aos que pervertem as palavras da justiça e transgridem a lei eterna e se transformam no que não eram (isto é, em pecadores): eles serão pisoteados sobre a terra. ³Naqueles dias, preparem-se, justos, para elevar as suas orações como um monumento e elas serão como um testemunho diante dos anjos, e que eles possam colocar o pecado dos pecadores como um monumento diante do Altíssimo. ⁴Naqueles dias, as nações serão agitadas e as famílias das nações se levantarão no dia da destruição. ⁵E naqueles dias, o necessitado avançará e levará os seus filhos e eles os abandonarão de forma que seus filhos morrerão através deles: sim, eles abandonarão os seus filhos (que ainda são) pequenos e não voltarão para eles e não terão piedade dos seus queridos. ⁶E eu juro a vocês, pecadores, que o pecado está preparado para um dia de derramamento de sangue incessante. ⁷E os que adoram pedras e imagens de túmulos de ouro, prata, madeira, pedra e argila e os que adoram espíritos e demônios impuros e

todos os tipos de ídolos, em desacordo com a sabedoria, não conseguirão ajuda deles. ⁸E eles se tornarão iníquos por causa da tolice de seus corações e os seus olhos ficarão cegos através do medo de seus corações e através das visões em seus sonhos. ⁹Através deles, eles se tornarão iníquos e temerosos; pois terão cometido todas as suas obras serão através da mentira e terão adorado pedras: assim, em um instante morrerão. ¹⁰Mas naqueles dias, abençoados serão os que aceitaram as palavras da sabedoria e as entenderam e observaram os caminhos do Altíssimo e andaram no caminho de sua justiça e não se tornaram iníquos com a iniquidade, pois serão salvos. ¹¹Desgraça a vocês que espalham o mal aos seus próximos; pois morrerão no Sheol. ¹²Desgraça a vocês que fizeram medidas falsas e enganosas e aos que causaram amargura sobre a terra; pois serão absolutamente consumidos. ¹³Desgraça a vocês que construíram as suas casas através do trabalho doloroso dos outros e todos os seus materiais de construção são os tijolos e as pedras do pecado; eu digo a vocês que não terão paz. ¹⁴Desgraça aos que rejeitaram os valores e a herança eterna dos seus pais, cujas almas adoram os ídolos, pois não terão repouso. ¹⁵Desgraça aos que trabalharam na iniquidade e ajudaram a opressão e mataram o seu próximo até o dia do grande julgamento. ¹⁶Pois ele derrubará a sua glória e trará aflição em seus corações e levantará a sua indignação feroz e destruirá todos vocês com a espada e todos os santos e justos lembrarão os seus pecados.

Capítulo 100

¹E naqueles dias, em um lugar os pais e os seus filhos serão atingidos e os irmãos, um com o outro, cairão até que os rios fluam com o seu sangue. ²Pois um homem não impedirá a sua mão de matar os seus filhos e os filhos de seus filhos e o pecador não segurará a sua mão com seu irmão honrado: do nascer do dia até o pôr do sol, eles se matarão mutuamente. ³E o cavalo andará até o peito no sangue dos pecadores e a carruagem será submersa em sua altura. ⁴E naqueles dias, os anjos descerão aos lugares secretos e reúna em um lugar todos os que apresentaram pecado e o Altíssimo se levantará no dia do julgamento para executar grande julgamento entre os pecadores. ⁵E sobre os justos e os santos, ele apontará guardiães entre os santos anjos para protegê-los como uma joia, até que

ele dê um fim a toda a maldade e todo o pecado, e apesar do sono dos justos dormirem um longo sono, eles não têm nada a temer. ⁶E (então) os filhos da terra verão os sábios em segurança e entenderão todas as palavras deste livro, e reconhecerão que as riquezas deles não serão capazes de salvá-los de seus pecados. ⁷Desgraça a vocês, pecadores, no dia da grande angústia, vocês que afligirem os justos e queimarem no fogo: Vocês serão recompensados de acordo com os seus trabalhos. ⁸Desgraça a vocês, obstinados, que observam a fim de elaborar maldades: O medo chegará a vocês e não haverá ninguém para ajudá-los. ⁹Desgraça a vocês, pecadores, por causa das palavras das suas bocas e por conta dos atos das suas mãos que cometeram iniquidade, vocês queimarão em chamas ardentes pior do que fogo. ¹⁰E saibam que aos anjos, ele perguntará sobre os seus atos no céu, ao sol e à lua e às estrelas, sobre os seus pecados porque você executou julgamento sobre os justos sobre a terra. ¹¹E ele convocará para testemunhar contra você toda a nuvem, névoa, orvalho e chuva; pois por causa sua eles deixaram de descer e eles revelarão os seus pecados. ¹²E deem presentes à chuva para que não seja impedida de descer sobre vocês e ao orvalho deem ouro e prata para que possa descer. ¹³Quando a geada e a neve com a sua friagem e todas as tempestades de neve com todas as suas pragas caírem sobre vocês, naqueles dias vocês não suportarão.

Capítulo 101

¹Observem o céu, filhos do céu, e todo o trabalho do Altíssimo e temam-no e não trabalhem o mau em sua presença. ²Se ele fechar as janelas do céu e impedir que a chuva e o orvalho desçam sobre a terra por sua conta, o que vocês farão? ²E se ele enviar a sua ira sobre vocês por causa de seus atos, não podem pedir nada a ele; pois vocês falaram palavras orgulhosas e insolentes contra a justiça dele: portanto não terão paz. ⁴E vocês não veem os navegantes, quando os navios balançam para frente e para trás pelas ondas e são sacudidos pelos ventos e ficam em problemas? ⁵E eles temem porque todos os bens no navio afundarão com eles e eles possuem presságios sinistros no coração fazendo-os crer que o mar os engolirá e eles morrerão ali. ⁶O mar inteiro e todas as suas águas e todos os seus movimentos não são o trabalho do Altíssimo e ele não definiu limites aos seus seres e o confinou em toda a areia? ⁷E diante de sua reprovação, o mar fica com medo e seca e todos os seus peixes morrem

e tudo o que está nele; mas vocês, pecadores, que estão na terra não o temem. ⁸Ele não fez o céu e a terra e tudo o que está neles? Ele deu entendimento e sabedoria para tudo o que se move sobre a terra e no mar. ⁹Os navegadores dos navios não temem o mar? Mas os pecadores não temem o Altíssimo.

Capítulo 102

¹Naqueles dias, quando ele tiver levado um fogo ardente sobre vocês, para onde vocês fugirão e onde vocês encontrarão alívio? E quando ele lança a sua palavra contra vocês, vocês não terão medo e não temerão? ²E todas as luminárias terão grande medo e toda a terra terá medo e tremerá e estará alarmada. ³E todos os anjos executarão as suas ordens e tentarão ocultar-se da presença da Grande Glória e os filhos da terra tremerão e vocês pecadores serão amaldiçoados para sempre e vocês não terão paz. ⁴Não temam, almas dos justos e tenham esperança vocês que morreram na justiça. ⁵E não sofra se a sua alma no Sheol tiver descido em mágoa e se na sua vida o seu corpo não passou de acordo com a sua bondade, mas espere o dia do julgamento dos pecadores e pelo dia de maldição e de castigo. ⁶E mesmo assim quando vocês morrem, os pecadores perguntam: "Assim como morremos nós, morrem os justos, então que benefício eles ganham por seus bons atos? ⁷Veja, assim como nós, eles morrem em tristeza e trevas e o que eles têm mais do que nós? Portanto, somos iguais. ⁸E o que eles receberão e o que eles verão eternamente? Veja, eles também morreram e portanto, não verão a luz por toda a eternidade". ⁹E digo a vocês pecadores, vocês estão felizes por comer e beber, e roubar e pecar, e despir os homens e ¹⁰adquirir riquezas e ver dias bons. Vocês viram o justo, como o fim dele chega, que não há ¹¹violência encontrada nele até a morte dele? "Da mesma forma, morreram e se tornaram como nunca tivessem existido, e os espíritos dele desceram ao Sheol em tribulação".

Capítulo 103

¹Portanto, juro a vocês, justos, pela glória do Grande e Honrado e

Poderoso em domínio e pela grandeza. ²Conheço um mistério e li as tabuletas celestes e vi os livros santos e vi escrito e inscrito sobre eles: ³que toda bondade, alegria e glória estão preparadas para eles e escritas para os espíritos dos que morreram em justiça e que muito bem será dado para vocês como recompensa por seus trabalhos e que a sua recompensa é abundantemente maior do que recompensa dos vivos. ⁴E os espíritos que morreram em justiça viverão e se alegrarão e esses espíritos não morrerão nem o monumento deles diante da face do Grande por todas as gerações do mundo: assim, não temam mais a injúria. ⁵Desgraça a vocês, pecadores, que morreram, se vocês morrem na riqueza de seus pecados e os que são como vocês dizem sobre vocês: "Benditos sejam os pecadores: eles viram todos os seus dias. ⁶E como eles morreram na prosperidade e na riqueza e não viram a tribulação ou assassinato na vida deles e morreram em honra e o julgamento não foi executado neles durante a vida deles". ⁷Saibam que as almas deles serão feitas descer ao Sheol e eles serão desgraçados e sofrerão grande tribulação. ⁸E os seus espíritos entrarão nas trevas, com correntes e um fogo ardente, onde há o julgamento doloroso e o grande julgamento será para todas as gerações do mundo. Desgraça a vocês, pois vocês não terão paz. ⁹Diferente de vocês, isso dirá o justo e o bom, que está na vida: "Em nossos dias com problemas, labutamos e experimentamos todos os problemas e nos encontramos com muito mal consumido e nos tornamos poucos e nosso espírito pequeno. ¹⁰E fomos destruídos e não encontramos ninguém para nos ajudar mesmo com uma palavra: fomos torturados [e destruídos] e não esperamos ver a vida dia a dia. ¹¹Esperamos ser a cabeça a se tornar a cauda: labutamos muito e não tivemos satisfação em nosso trabalho; e nos tornamos o alimento dos pecadores e dos injustos e eles depositaram o seu jugo pesadamente sobre nós. ¹²Eles tiveram real domínio sobre nós que nos odiando e nos espancando; e para os que nos odiaram, nos curvamos mas eles não tinham pena de nós. ¹³Desejamos ir embora deles para escapar e para repousar, mas não achamos lugar para onde fugir e ficar seguro deles. ¹⁴E nos queixamos para os dominadores em nossa tribulação e choramos contra os que nos devoraram, mas eles não ouviram os nossos gritos e nem a nossa voz. ¹⁵E eles ajudaram os que roubaram de nós e devoraram a nós e aos que fizeram poucos de nós e ocultaram a opressão deles e não removeram de nós o jugo dos que nos devoraram, nos dispersaram, nos assassinaram e ocultaram o assassinato deles e não se lembraram que eles tinham levantado as suas mãos contra nós.

Capítulo 104

¹Eu juro para vocês que no céu os anjos se lembram de vocês para sempre diante da glória do ²Grande: e os seus nomes estão escritos diante da glória do Grande. Tenham esperança; pois antes vocês sofriam através da doença e da aflição; mas agora brilharão como as luzes do céu, vocês brilharão e serão vistos e os portais do céu serão abertos para vocês. ³E o seu choro será ouvido no julgamento; pois toda a sua tribulação visitará os dominadores e todos que ajudaram os que pilharam. ⁴Sejam esperançosos e não afastem da esperança; pois vocês terão grande alegria como os anjos do céu. ⁵O que vocês serão obrigados a fazer? Vocês não terão que se esconder no dia do grande julgamento e não serão encontrados como pecadores e o julgamento eterno estará longe de você por todas as gerações do mundo. ⁶E não temam, justos, quando virem os pecadores mais fortes e prosperando em seus caminhos: não se comparem a eles, mas mantenham-se afastados da violência deles; porque vocês se tornarão companheiros das legiões do céu. ⁷E apesar de vocês pecadores dizerem: "Os nossos pecados não serão investigados nem serão escritos", eles anotarão os seus pecados a cada dia. ⁸E agora eu mostro para vocês que a luz e a escuridão, o dia e a noite, veem todos os seus pecados. ⁹Não sejam iníquos em seus corações, não mintam nem alterem as palavras da justiça, nem adicionem mentira às palavras do Grande Santo, nem deem valor aos seus ídolos; pois todas as suas mentiras e todas as suas iniquidades não fazem parte da justiça, mas de grande pecado. ¹⁰E eu sei este mistério, que os pecadores alterarão e perverterão as palavras da justiça de muitas formas e falarão palavras más e mentiras e praticarão grandes enganos e escreverão livros com relação às suas palavras. ¹¹Mas se escrevessem verdadeiramente todas as minhas palavras na língua deles e não mudassem nem diminuíssem nenhuma de minhas palavras mas as escrevessem verdadeiramente, tudo tudo seria diferente[171]. ¹²Em seguida, conheci outro mistério, que os livros serão dados aos justos e sábios para se tornarem uma causa de alegria e justiça e muita sabedoria. ¹³E para eles os livros serão dados e acreditarão neles e se alegrarão com eles e todos os justos que aprenderam neles todos os caminhos da justiça serão recompensados".

---

[171] Tradução divergente em Black e alguns outros.

Capítulo 105

¹Naqueles dias o Senhor pediu-lhes para convocarem e testemunharem aos filhos da terra sobre a sabedoria: "Mostre-a para eles; pois vocês são os guias deles e líderes sobre a terra inteira. ²Pois Eu e meu filho estaremos unidos com eles para sempre nos caminhos da justiça na vida deles e vocês terão paz: alegrem-se, filhos da justiça". Amém.

Capítulo 106

¹E depois de um tempo, meu filho Matusalém escolheu uma esposa para seu filho Lameque e ela engravidou dele e nasceu um filho[172]. ²E o seu corpo era branco como a neve e vermelho como uma rosa florescendo e o cabelo de sua cabeça e seus longos tufos eram brancos como a lã e os seus olhos bonitos. E quando ele abria os seus olhos, ele iluminava a casa inteira como o sol e a casa inteira ficava muito brilhante. ³E assim que foi levantado pelas mãos da parteira, abriu a sua boca, e falou com o Senhor da justiça. ⁴E o seu pai Lameque ficou com medo dele e fugiu e foi até o seu pai Matusalém. ⁵E ele disse para ele: "Eu tive um filho estranho, diferente dos outros homens, parecendo os filhos de Deus do céu; e sua natureza é diferente e ele não é como nós, e seus olhos são como os raios do sol e a sua aparência é gloriosa. ⁶E parece que ele não é meu filho, mas dos anjos, e temo que nesses dias um prodígio possa acontecer sobre a terra. ⁷Meu pai, estou aqui para pedir e implorar que você vá até Enoque, nosso pai, para saber dele a verdade, pois ele habita entre os anjos". ⁸E quando Matusalém ouviu as palavras de seu filho, ele veio até mim nas extremidades da terra; pois tinha ouvido que eu estava ali e me chamou e ouvi a sua voz e fui até ele. E lhe disse: "Aqui estou, meu filho, por que veio até mim?" ⁹E ele respondeu: "Por causa de uma grande ansiedade e por causa de uma visão preocupante. ¹⁰E, meu pai, ouça me: Lameque, meu filho, teve um filho que não é parecido com ninguém e a sua natureza não é como a natureza dos homens e a cor de seu corpo é mais branca do que a neve e mais avermelhada do que uma rosa florescendo e o cabelo de sua cabeça é mais branco do que a neve e os seus olhos são como os raios de sol e ele abriu os seus olhos e iluminou toda a casa. ¹¹E assim que foi levantado pelas mãos da parteira, abriu a

---

[172] Os manuscritos em grego contêm um texto levemente diferente.

sua boca, e bendisse o Senhor do céu. ¹²E o seu pai Lameque ficou com medo e fugiu e não acreditou que ele tinha saído dele, porque era parecido com os anjos do céu; e por isso vim até você para que possa me revelar a verdade". ¹³E eu, Enoque, disse para ele: "O Senhor fará uma coisa nova sobre a terra e isso eu já vi em uma visão e digo a você que na geração do meu pai Jarede alguns dos anjos do céu transgrediram a palavra do Senhor. ¹⁴E cometeram pecado, transgrediram a lei, se uniram a mulheres, cometeram pecado com elas, se casaram com algumas delas e tiveram filhos com elas. ¹⁵E produziram sobre a terra gigantes não de acordo com o espírito, mas de acordo com a carne, que serão uma grande punição sobre a terra e a ¹⁵terra será purificada de toda a impureza. Haverá uma grande destruição sobre toda a terra e haverá um dilúvio e uma grande destruição por[173] um ano. ¹⁶E esse filho que nasceu de você será poupado na terra e os seus três filhos serão salvos com ele: quando toda a humanidade que está na terra morrer, ele e seus filhos serão salvos. ¹⁷ Eles geraram gigantes sobre a terra, não pelo espírito, mas pela carne e haverá uma grande punição sobre a terra e a terra será purificada. ¹⁸E agora, diga ao seu filho Lameque que a criança que nasceu é realmente seu filho e ele a chame de Noé; pois ele será poupado e ele e seus filhos serão salvos da destruição, que acontecerá sobre a terra devido a todo o pecado e toda a iniquidade, que serão consumidos sobre a terra nesses dias. ¹⁹E depois disso, haverá ainda mais iniquidade do que a que havia antes na terra; pois eu conheço os mistérios dos santos; pois ele, o Senhor, me mostrou e me revelou e eu li nas tabuletas celestiais.

Capítulo 107

¹E vi escrito nelas que várias futuras gerações transgredirão até que surja uma geração[174] de justiça e que a transgressão seja destruída e o pecado desapareça da terra e toda forma de bem venha sobre a terra. ²E meu filho, vá e informe o seu filho Lameque que este filho, que nasceu, é verdadeiramente o seu filho e que isso não é mentira". ³E quando Matusalém ouviu as palavras de seu pai Enoque – pois ele o tinha revelado o mistério– ele voltou e contou para ele (Lameque) que chamou o seu filho Noé, pois ele confortará a terra após toda a destruição.

---

[173] Aqui Piñero traduz "em um ano". A tradução de Black dos versículos desse capítulo é bem diferente.
[174] Black traduz como gerações. Piñero e Charles como uma geração.

Capítulo 108

¹ Enoque escreveu outro livro (texto) para o seu filho Matusalém e para os que virão depois dele e guardarão a lei nos últimos dias. ²Vocês que fizeram o bem deverão aguardar os dias até quando um fim será dado aos que praticam o mal e um fim ao poder dos pecadores. ³E aguardem até que o pecado deixe de existir, pois os nomes deles serão removidos do livro da vida e dos livros santos e a semente deles será destruída eternamente e os seus espíritos serão destruídos e chorarão e lamentarão em um lugar que é um deserto caótico e em fogo queimarão; pois não há terra lá. ⁴E lá vi algo como uma nuvem que não se via bem; pois devido à sua profundidade, não pude vê-la completamente e vi uma chama de fogo ardente e brilhante e coisas como montanhas brilhantes circulando e se movimentando para frente e para trás. ⁵E perguntei a um dos santos anjos que estava comigo: "O que são essas coisas brilhantes? Pois isso não é um céu, é só a chama de um fogo ardente e choro, gritos e lamentos e forte sofrimento". ⁶E ele me disse: "Este lugar que você vê - aqui são lançados os espíritos dos pecadores e blasfemadores e os dos que cometem maldade e dos que pervertem tudo que o Senhor falou através da boca dos profetas sobre as coisas que serão. ⁷Pois parte dessas coisas estão escritas e inscritas no céu, a fim de que os anjos possam ler e saber o destino dos pecadores, dos espíritos dos humildes, dos que afligiram os seus corpos e foram recompensados por Deus e dos que foram mal tratados por pessoas más: ⁸pessoas que amam a Deus e não amaram o ouro nem a prata nem nenhuma das coisas boas que estão no mundo, mas entregaram o seu corpo ao sofrimento. ⁹Pessoas que, desde que nasceram, não procuraram o alimento terrestre, mas olharam tudo como um sopro de passagem e viveram de acordo com isso e o Senhor os tentou muito e os seus espíritos foram considerados puros, de forma que eles devem bendizer o nome do Senhor. ¹⁰E todas as bênçãos destinadas a eles eu contei nos livros. E ele atribuiu a eles a recompensa deles, porque amaram mais o céu do que a vida deles na terra e apesar de terem sido pisoteados por pessoas más, terem sofrido abusos, sido injuriados por eles e terem sido humilhados, mesmo assim bendisseram o Senhor. ¹¹E convocarei os espíritos dos bons que pertencem à geração da luz e transformarei aqueles que nasceram em trevas, os que durante a vida não foram recompensados com a mesma honra que a fidelidade deles mereceu. ¹²E trarei para a luz brilhante os que amaram meu santo nome

e sentarei cada um deles no trono de sua honra. ¹³E eles serão resplandescentes por tempos indeterminados; pois a justiça é o julgamento de Deus; pois para o fiel ele dará fidelidade na habitação de caminhos justos. ¹⁴E eles verão aqueles que nasceram nas trevas levados às trevas, enquanto os justos brilharão. ¹⁵E os pecadores chorarão e os verão resplandescentes e eles irão onde os dias e as temporadas estão prescritas para eles.